남명의 삶과 그 자취 1

이 책은 2006년도 경상남도 지원금에 의해 개발되었음.

경상대학교 남명학연구소

남명학교양총서 7-1

남명의 삶과 그 자취 1

이 상 필 지음

景仁文化社

책머리에

조선에 남명이 있었다.
조선에 성리학이 있었다.
조선에 양명학이 있었다.
소선에 불교와 도교가 있었다.

불교는 극도로 쇠퇴하고 도교는 제대로 꽃을 피워 보지도 못 했고 양명학은 이제 막 싹을 틔우려 하는 조선시대 전반기에, 남명은 성리학자로서 양명학과 불교와 도교의 장점을 자신의 학문 속에 받아들여 융화시키려 하였다. 남명을 이해하려 하면서도 이 점을 염두에 두지 않으면 곳곳에 풀리지 않는 점이 나올 수밖에 없다. 이러한 면모는 그의 작품 군데군데에 스며들어 녹아 있다. 그러므로 그의 구체적 작품에 대한 면밀한 분석이 있어야 남명의 사상과 학문세계를 더 깊이 이해할 수 있다.

이 책은 남명의 구체적 작품에 대하여 면밀하게 분석할 수 있도록 하는 하나의 토대 역할이 되리라 생각하고 집필한 것이다. 필자는 1990년 이래 지금까지 진주를 중심으로 하는 남명학파의 중심 지역에 거주하면서 줄곧 남명학파의 형성 과정과 그 다양한 전개 양상을 파악하려고 노력해 왔다. 그래서 『남명학파의 형성과 전개』라는 박사학위논문을 비롯하여 이에 관한 여러 편의 논문을 쓰게 되었다. 그렇지만 늘 남명의 일생에 대한 좀더 정밀한 고증과 함께 보다 쉽게 남명의 삶을 이해할 수 있는 글이 필요함을 절감하고 있었다.

그러던 중에 남명학연구소에서 '남명학 교양 총서'를 기획하게 되었다. 그래서 필자는 남명의 일생을 뼈대로 하고 거기에 남명과 유관한 유적을 포괄하면서 군데군데 남명의 작품을 이와 관련시켜 서술하는 책을 집필하기로 하였다. 그러나 워낙 타고난 능력이 부족한데다 게으르기까지 하여 마감 기일을 훨씬 넘기고도 원고가 완성되지 않았다. 설상가상으로 원고량이 예상보다 많아져서 한 권에 남명의 일생을 모두 넣기 어려운 형편이 되기도 하였다. 그래서 두 권으로 나누어 뒷부분은 다시 다른 책으로 출간하기로 하고, 이번에는 남명의 산해정 시대까지만 다루는 책을 간행하기로 하였다.

교양 총서로 간행되는 서적임에도 곳곳에 전문적인 내용이 보이는 것은, 교양을 위한 책이면서 일반인도 알아둘 만한 어느 정도 전문적인 내용까지를 그야말로 적당하게 혼합하여 서술하려는, 말하자면 두 마리 토끼를 잡으려는 필자의 지나친 욕심의 소산이다. 욕심은 지나치더라도 내용이 진실하기만 하다면 그래도 읽어줄 만하겠지만, 내용의 진실성을 얼마나 인정받을 수 있을지 걱정스러운데다 사진 솜씨도 엉성하고 문장력도 부족하니 여러 모로 두렵다. 독자의 질정을 성실히 받들겠다.

2007년 12월 19일
경상대학교 남명학관 뇌룡실에서
이 상 필 씀

목차 *contents*

제 1 장
머리말

남명南冥 조식曹植(1501~1572)은 주로 조선시대 중종中宗(재위 1506~1544)과 명종明宗(재위 1545~1567) 시절에 재야 학자로서 전국에 명성을 떨쳤고, 만년에는 젊은 임금 선조宣祖(재위 1567~1608)로부터 시귀蓍龜로서의 융숭한 대접을 받았으며, 살아서는 징사徵士로서의 명예를 간직하였고 죽어서는 그 학문과 덕행이 높이 인정되어 영의정에까지 추증된 인물이다.

남명은 경상도 삼가 고을에서 태어나 젊은 시절 서울에서 생활하였다. 이 때 선비가 읽지 않아도 될 책은 없다는 생각으로 여러 종류의 책을 닥치는 대로 섭렵하면서 청운의 뜻을 품고 키웠다. 그러나 나이 서른이 넘도록 과거에 급제하지 못했다. 이는 실력이 부족해서라기보다는 좌전左傳과 유종원柳宗元의 글을 좋아했기 때문에 저절로 지나치게 고상한 문체를 사용한 데서 온 필연적인 결과였던 것이다. 그래서 서른 한 살 되던 해에 과거에 급제하기 위해 시문時文을 익히려고 『성리대전性理大全』을 보게 되었다. 여기서 노재魯齋 허형許衡의 글을 접한 뒤 과거를 위한 공부를 포기하고 위기지학爲己之學으로 학문의 방향을 결정하게 되었다.

남명의 일생을 서술해 둔 것으로는 남명이 죽은 직후 정인홍鄭仁弘과 김우옹金宇顒이 찬술한 「행장行狀」과 벗 성운成運이 찬술한 「묘갈명墓碣銘」이 있고, 약 60년이 지난 뒤 정인홍의 문인 박인朴絪이 편찬한 『연보年譜』가 있다. 조선 후기에는 이 연보를 중심으로 약간의 증보를 가하여 『편년編年』이 나오게 되었다. 이렇게 하여 남명의 일생이 비교적 분명히 이해될 수 있는 바탕이 마련된 것은 사실이다.

그러나 이것만으로는 그 시기에 그런 생각을 가지고 그런 작품을 쓰게 될 수밖에 없었던 점을 짐작하기에는 여러 가지로 납득하기 어려운 점이 많다. 그래서 남명이 직접 지은 작품을 연대에 따라 고찰하면서 그가 남긴 유적과 만났던 사람들을 거기에 대비하여 고찰함으로써 남명의 일생을 입체적으로 이해할 생각을 가지게 되었다.

유적에 관한 고찰은 한 인물의 체취와 관련이 있는 공간을 통해 그 인물을 상상하기에 적합한 것이다. 그리고 시대의 흐름과 무관하게 존재하였던 인물은 없었으므로 자연히 그 시대 그와 관련이 깊은 사건을 연관시켜 이해하지 않을 수 없다. 그리고 한 인물에 대한 이해는 그 인물과 관련되는 여러 인물들을 종합하여 살필 때 그 특징이 잘 드러날 수밖에 없으므로, 인물관계를 이해하는 일은 빼놓을 수 없는 작업 가운데 하나다.

그래서 이제 남명 개인 및 그의 사상과 작품들에 관한 입체적 이해를 위해 그의 시문과 그에 관한 유적과 그와 깊은 관련이 있는 인물을 적의하게 관련시켜 서술하고자 하는 것이다. 남명이 남긴 작품 가운데 산문은 창작 연대와 배경을 알 수 있는 것이 많으나, 한시는 그 창작 연대와 배경을 알기 어려운 것이 대부분이다. 도저히 짐작할 수 없는 것은 제쳐두고 추정 가능한 자료를 대상으로 유적과 함께 그 일생을 추적해 본다면 남명의 삶이 좀더 생생하게 이해될 수 있을 것이다.

남명의 일생을 네 시기로 구분하여 시기별로 서술하되, 해당 시기 안에서의 서술은 연대순을 고집하지 않았다. 그 시기에서의 가장 특징적인 부면이 무엇인가를 적출하여 그것을 드러내어 소제목을 설정하고, 그 소제목을 중심으로 때로는 설명하듯이 때로는 감상하듯이 때로는 논의하듯이 사실을 서술하려고 한다.

선계先系와 수학修學 시절

1. 남명의 선계

　　남명의 조상은 대대로 창녕 인근에서 살다가 조선 초기에 이르러 증조부 조안습曹安쬅이 삼가현 판현板峴으로 옮겨와 살게 됨으로써 이곳이 남명의 고향이 되었다. 현재의 합천군 삼가면 하판리 갓골[枝洞] 뒷산에 남명의 증조부 조안습과 조부 조영曹永 내외 및 아버지 조언형曹彦亨의 묘소가 8부 능선 쯤에서 남향으로 앉아 있다. 이 산은 허굴산과 철마산 줄기를 따라 내려와 삼가면 소재지 뒤에서 마장산이 되는데, 이 묘소에서 보면 마장산이 동쪽으로 감아돌고 철마산의 다른 한 줄기가 이 산의 서쪽에서 남쪽으로 내려가 소곡산을 이루고 있다. 조금 멀리 남쪽으로 바라보면 진주의 집현산이 서쪽 방향에서 우뚝 서 있고, 동쪽에는 의령의

조언형의 묘소와 묘비

산성산·찰비산·자굴산이 철옹성처럼 버티고 서 있으며, 그 사이에 자그마한 산들이 여기저기 오밀조밀 앉아 있다.

삼가면 사무소에서 가회면 쪽으로 1.5㎞ 쯤 가면 하판과 상판으로 들어가는 갈림길에 '남명로' 안내판이 있다. 여기서 4㎞ 쯤 안쪽으로 들어가면 상판을 지나 지동 마을이 나온다. 지동 마을 입구에 가까이 가면 조언형 및 숙부인 이씨의 묘소가 있다는 문화재 안내판이 서 있다. 이 안내판 가까이 보이는 유일한 집이 바로 이들 묘소에 대한 묘사를 위해 마련된 재실 병산재屛山齋다. 여기서 산 쪽으로 난 시멘트 포장도로를 600m 정도 올라가면 포장길이 끝난다. 이 지점에서 도랑을 건너 400보 쯤 산길을 따라 올라가면 이들 묘역에 이르게 된다.

남명의 삶과 그 자취

이들 묘역은 대체로 다섯 영역으로 구분이 되는데, 그 가운데에 남명의 증조부 조안습의 묘소가 있고, 북쪽에 조부 조영 내외의 묘소가 있고, 남쪽에 아버지 조언형의 묘소가 있다. 서쪽에는 남명의 종손자 조계명曹繼明 내외의 묘소가 있고 동쪽에는 석물이 전혀 없는 묘소 1기가 있다.

조안습의 묘소에는 전면 중앙에 「처사조군지묘處士曹君之墓」라 제액이 된 석 자 높이의 작은 묘비가 남향으로 서 있다.

묘비는 제액의 서쪽 편에 작은 글씨로 석 줄 분량의 글이 새겨져 있을 뿐, 나머지 삼면에는 글이 새겨진 흔적이 전혀 보이지 않는다. 이 묘비는 남명의 아버지 조언형의 주도로 세워진 것으로 보인다. 그것은 묘비의 크기와 석질 및 관개석의 형태 등이 조영의 묘비와 흡사한 것으로 보아, 조안습의 묘비와 조영의 묘비는 거의 같은 시기에 세워진 것으로 보이기 때문이다. 그 내용은 다음과 같다.

공의 이름은 안습이다. 돈용교위 은의 아들이며, 성균관 학유 문가용의 사위다. 학유는 단성 지역에서 대대로 이름난 집안 출신이다. 그 아버지는 과거에 급제한 문익하이며, 그 숙부는 문익점이다. 문익점은 고려 말기에 벼슬하여 관직이 가정대부 참지의정부사에 이르렀으며 강성군에 봉해졌다. 일찍이 중국에 사신으로 갔다가 목면의

종자를 얻어서 돌아왔다. 우리나라 무명이 여기서 비롯된
것이다.

[公諱安習 敦勇校尉諱殷之子 成均館學諭文可容之壻
學諭丹城世族 父及第益夏 叔父益漸 仕麗季 官至嘉靖大夫
參知議政府事江城君 嘗奉使中原 得木綿種而還 綿布始此]

남명의 증조모는 문익점의 조카 문가용의 딸이다.
석 줄 기록 가운데 절반가량을 할애하여, 문가용의 숙
부 문익점이 중국에 사신으로 가서 면화 종자를 가져
옴으로써 우리나라 사람들이 비로소 무명옷을 입을
수 있게 되었음을 기록해 두었다.

조안습의 묘소와 묘비

남명은 「삼우당문공묘사기三憂堂文公廟祠記」에서 다음과 같이 문익점의 공로를 드러내고 있다.

지정 연간에 공이 서장관으로 원나라에 갔다가, 어려운 나라 일을 당하여 남쪽 변경으로 귀양을 갔다. 3년 만에 풀려서 돌아오는 도중에 목면 꽃을 보았다. 엄하게 금하는 법을 돌아보지 않고, 남모르게 감추어 돌아와 우리나라에 번식시킴으로써 우리나라 백성들에게 만세토록 혜택을 입도록 했으니, 그 공을 어찌 작다고 하겠는가? … 대저 한 몸 나그네의 신분으로 오직 나라를 보위하고 백성을 윤택하게 하는 일만 생각한 사람을 나는 공에게서 본다.

[當至正季間 公以書狀官如元 值國事之艱屯 謫于南荒 比三秋而釋還 中道見木綿花 不顧重禁 潛藏而來 以蕃于東方 至使三韓之生靈 得蒙萬世之澤 其爲功也 豈云小哉 … 夫以一身之羈旅 而惟衛國澤民是爲者 吾於公見之矣]

남명의 이 글은 무명옷을 입을 수 있게 함으로써 백성들로 하여금 추위를 벗어나게 하였다는 관점으로 문익점을 높이 평가한 것인데, 대체로 이 논조가 바로 자신의 아버지 조언형이 기록한 조안습 묘비의 짧은 글과 같은 맥락임을 알 수 있다. 이처럼 높이 평가하고 있는 문익점이 바로 자신의 증조모 문씨의 종조부라는 사실에 대하여 남명이 혈연적 자긍심을 가졌음을

제2장 선계先系와 수학修學 시절

조영 묘소 전경

이해할 수 있다.

조영曹永(1428~1511)과 그 부인 임천 조씨林川趙氏
(1444~1506)의 묘소에는 남명의 숙부 조언경曹彦卿
(1487~1521)이 1513년에 글씨를 쓴 묘갈명이 새겨져 서
있다. 여기에는 남명의 조부 또한 예사롭지 않은 인물
임을 보여주는 일화 한 토막이 실려 있다.

맏아들 언형이 갑자년 정시에 장원함에, 공이 연로함
을 생각하여 돌아가 봉양하기를 빌어서 의흥현감에 제수
되었다. 한번은 와서 근친할 적에 쇠고기를 드렸더니, 공
이 크게 노여워하면서 "쇠고기는 조정의 명령으로 금지하
고 있는 것이다. 네가 벼슬하면서 어찌 이처럼 조정을 저
버릴 수 있느냐?" 하고는 즉시 치우게 하였다.

[長子彦亨 以甲子年廷試壯元 憫公年老 乞歸養 授義興
縣監 嘗來覲 獻牛肉 公大怒曰 牛肉朝令所禁也 汝爲宦而

남명의 삶과 그 자취

如此 其負朝廷何 卽命撤之]

　조언형曹彦亨(1469~1526)은 1504년 정월에 생원으로서 시예試藝에서 장원함으로써 바로 전시殿試에 나가게 되어 그 해 식년 문과에 병과로 급제하였다. 부모 봉양을 이유로 의흥현감으로 내려왔으니 근친 때 쇠고기를 드리려 한 것은 분명 효성에서 우러나온 것이라 할 것이다. 그러나 당시 어떤 연유로 해서 쇠고기를 먹지 말라는 조정의 명령이 있었던 모양으로, 조영은 권력을 가진 자가 그 권력을 이용하여 법령을 어겨서는 안 된다는 사실을 그 아들에게 일깨워 주었던 것이다.

　실록에는 연산군이 쇠고기를 좋아하여 궁중 연회에서 쇠고기를 많이 사용하였다는 기록이 있고, 1505년 12월에는 "팔도에 명하여 봉진하게 하니, 수령들이 공사公事를 핑계 삼아 침독侵督하기를 성화와 같이 하므로, 백성들은 모두 생업을 잃고 서로 모여서 도둑질을 했다"는 사신의 논평이 실려 있다.

　이런 일 때문이라면 의리로 보아 굳이 쇠고기를 못 먹을 이유는 없을 것이다. 어쨌든 조영의 노여움은 벼슬아치가 되어서 조정의 명령을 어길 수도 있다는 생각을 가져서는 안 된다는 사실을 아들에게 주지시키기 위함이었을 것이다. 그만큼 그는 원칙에 철저하여야 한다는 정신을 가지고 있었던 것이고, 이러한 정신이 그의 아들과 손자들에게도 영향을 끼쳐 두 아들이

조영 묘비

문과에 급제하였을 뿐만 아니라 손자가 대현이 될 수 있는 정신적 초석이 되었던 것이 아닌가 한다.

이 묘비는 석질과 크기, 형태 등 여러 면에서 조안습의 묘비와 흡사하여 두 묘비가 동시에 만들어진 것으로 보인다. 그리고 조영의 묘비에는 글씨를 쓴 사람이 조언경이란 사실만 기록되어 있고 글을 지은 사람이 누구인지는 밝혀 두지 않았다. 그러나 비문 내용 가운데 "공이 언형 등에게 명하여 선영의 북쪽에 붙여서 장사지내게 하고, 그 5년 뒤에 공 또한 돌아가심에, 언형 등이 그 다음 해 임신년 3월에 부인의 묘소 오른쪽에 장사지내었다"라는 표현으로 보아, 비문의 찬자를 조언형으로 봄이 타당하다. 글씨를 쓴 조언경이 비문까지 지었다면 '언형 등'이라 하기보다는 '여러 아들'이라 하였을 것이다. 자신의 이름을 남이 함부로 읽을 수 있도록 직접 드러내어 표현하는 것이 글 짓는 사람의 겸손한 태도이기 때문이다.

그 밖에도 당시 이 집안의 객관적인 상황으로 보더라도 글을 지을 적임자는 조언형이다. 왜냐하면 1513년은 45세의 조언형으로서는 문과에 급제하여 벼슬길에 나선 지 10년이 되어 명망이 세상에 널리 알려지기 시작하는 때인가 하면, 27세의 조언경으로서는 아직 문과에 급제하기도 전이기 때문이다. 따라서 명망 있는 백형을 두고 아직 급제도 못한 조언경이 글을 지어서 썼다고 보기는 어려울 듯하다.

그렇다면 왜 비문의 찬자를 구체적으로 밝혀 기록해 두지 않았느냐는 의문이 남는다. 그것은 아마도 당시의 글 쓰는 투식으로 보아 읽어 보면 충분히 알 것이므로 드러낼 필요가 없었고, 글씨를 쓴 사람의 경우에는 밝혀 두지 않으면 누가 쓴 것인지 알기 어려우므로 분명하게 기록해 둔 것이 아닌가 생각된다. 그리고 한 가지 더 생각해 볼 수 있는 것은, 조언형이 자신의 이름을 내세우는 것을 자랑하는 것이라 생각하여 일부러 찬자의 이름을 밝히지 않은 것이 아닌가 하는 점이다.

조안습과 조영의 묘비에 새겨진 글을 지은 사람이 조언형임을 굳이 밝히려는 것은, 그 글에서 주장하려는 핵심 사항이 남명의 사고방식과 매우 흡사하기 때문이기도 하다. 이를 통해 남명이 자신의 외선조 문익하의 형 문익점을 유난히 추숭하였던 점이나, 할머니 조씨의 친정 아우 조지서趙之瑞를 선비다운 인물로 특별히 강조하였던 것을 이해하는 하나의 단서를 포착할 수 있다.

이 묘비에는 "부인은 임천조씨로, 중직대부 사헌부 집의 조찬의 따님이고, 통정대부 승정원 도승지에 증

직된 조지서의 누님이다[夫人 林川趙氏 中直大夫司憲府執義諱瓚之女 贈通政大夫承政院都承旨諱之瑞之姊也]라 기록되어 있고, 남명은 「유두류록」에서 "높은 산과 큰 내를 보면서 소득이 없는 것은 아니었으나, 한유한·정여창·조지서 등 세 군자를 높은 산과 큰 내에 견주어 본다면, 십층의 산봉우리 위에 다시 옥 하나를 더 얹어 놓은 격이요, 천 이랑 물결 위에 둥그런 달 하나가 비치는 격이다[看來高山大川 非無所得 而比韓鄭趙三君子於高山大川 更於十層峯頭冠一玉也 千頃水面 生一月也]"라고 일컬었다. 남명이 조지서가 살던 마을을 지나면서 그를 떠올려 이처럼 추앙하였으니, 이는 외삼촌에 대한 존경심을 말없이 드러내고 있는 아버지 조언형의 글과 실은 같은 궤에서 나온 것이라 할 것이다.

2. 남명의 탄생 — 삼가 토동

남명은 연산군 신유년(1501) 6월 26일에 삼가현 토동, 지금의 합천군 삼가면 외토리 토동[토골] 마을에서 탄생하였다. 이곳은 남명의 외가로, 당시 삼가 지역에서 고려 이래로 명망을 떨치던 인천이씨 재지 사족 이국李菊의 집이다. 남명의 탄생과 관련하여 『편년』에는 다음과 같은 이야기가 실려 있다.

선생의 외조부가 처음 토동에 거처하게 되었을 때 어떤 술사가 그 집터를 보고, "이곳은 모년에 틀림없이 성현이 태어날 것이오" 하였는데, 그 해에 선생이 태어났다. 그 용모가 수연하고 목소리도 우렁찼다. 선생의 외조부가 매우 기이하게 여기고 친히 밥솥과 국솥에 대나무로 불을 때면서, "술사의 말이 맞으니, 아마 조씨 문중이 창성하겠구나!" 하였다. 전해오는 말로는 선생이 태어날 때 무지개 같은 기운이 집 앞 우물에서 일어나 그 빛이 해산하는 방에 가득 찼다고 한다.

[始李氏之居兎洞也 有術士相宅曰 此地某年當生聖賢 及是先生生 容貌粹然 聲音洪亮 李公甚異之 親自爇竹作飯 羹曰 術士之言乃驗 曹門其昌乎 世傳先生生時 有氣若虹起 宅前八角井 光耀滿室]

이것은 물론 훌륭한 인물의 출현과 관련하여 흔히 있을 수 있는 전설 같은 이야기로 받아들여야 할 것이다. 술사가 과연 그런 말을 한 적이 있더라도, 그 집터를 보고 어느 해에 성현이 태어날 것이란 말에 과학적 근거가 있을 리는 만무하기 때문이다.

그럼에도 불구하고 지금 남아 전하는 남명의 태생지에 가서 앞을 멀리 바라보면 지세와 관련해 약간은 생각하게 하는 그 무엇이 없지는 않다. 남명의 태생지는 토동 마을 중앙 어름의 가장 높은 곳에 남향으로 위치하고 있는데, 지금은 빈터만 남아 있다. 이른바 '생

남명 태생지 입구 표지석

가 복원' 작업을 진행하고 있는 중이다. 토동 마을은 동쪽이 터져 있는 'ㄷ'자 형태의 지형에 주로 남향으로 마을이 형성되어 있다. 터져 있는 동쪽에는 삼가 면 소재지 쪽에서 양천을 따라 나지막한 산이 흘러내려와 의령군 대의면 소재지까지 병풍처럼 막고 있다. 그래서 마을 전체가 매우 아늑하다. 그런데 남명의 태생지는 그 가장 높은 곳에 있어서, 남쪽으로 대의면 소재지 앞산에 있는 마치 형제처럼 생긴 봉우리가 먼발치에서 들여다보고 있는 형국이다.

이러한 형국은 흔히 내 집의 안을 남이 들여다보는 형국이라 하여 좋지 않다고 한다. 지세가 사람을 만드는 것이 아니라 하는 것은 여기서도 증명이 되는 셈이다. 어떤 자는 이렇게 말할 지도 모른다. 지세의 주인이 범인인 경우에는 남이 나의 집 내부를 들여다보아 재물의 손실이 일어날 수 있는 형국이지만, 지세의 주인이 대인인 경우는 남이 우러러 찾아오고 싶은 형국으로 볼 수 있다고. 그렇다면 이른바 귀에 걸면 귀걸이요, 코에 걸면 코걸이인 셈이다. 이른바 유전적 형질이 바탕이 되고, 자신이 처한 사회문화적 배경이 어떤 식으로든 기능을 하고, 거기에 어떤 특별한 계기로 큰 뜻을 품게 되어 이를 끈기 있게 실천해 나갈 적에 남명 같은 대현이 될 수 있다고 함이 이치에 합당하지 않을까 한다.

3. 남명의 외계外系

남명의 외조부는 지재止齋 이국李菊(1451~1519)이고 외조모는 통천최씨通川崔氏이다. 이국의 본관은 인천으로, 삼가현에서 대대로 살았던 재지 사족이다. 남명은 이국의 고조부 이온李榲의 행록에 발문을 지었다. 그 글이 「영모재 이공 행록 후지永慕齋李公行錄後識」다. 영모재는 이온의 호로, 그는 고려말에 포은 정몽주와 도의로 교제를 하였다고 하며 효자로 이름난 사람이다. 『인천이씨족보』 이온 란에 다음과 같은 기록이 전한다.

집이 가난하여 맛있는 음식을 계속 드릴 수 없었다. 하늘을 향해 부르짖으며 답답한 마음을 하소연하였다. 문득 번개와 우레가 크게 치면서 쌀 궤짝 하나가 나타났다. 이 궤짝의 쌀로 3년을 봉양하였다. 어버이가 돌아가신 다음날 다시 번개와 우레가 친 뒤 홀연히 궤짝이 없어졌다.

[家貧 難繼甘旨 號天告悶 忽大雷電 有一米櫃 以櫃米供三年之養 親沒翌日 復雷電 潰忽不見]

남명의 글은 행록의 뒤에 기록하는 발문이므로, 거기에는 이러한 구체적인 사실이 기록되어 있지는 않다. 그러나 다음과 같이 이온의 삶에 대해 일정한 의미를 부여함으로써 재지사족으로서의 한 가지 모범적인 삶의 방식을 제시하고, 아울러 자신의 외선조에 대한 자긍심을 은근히 드러내고 있다.

아아, 공은 검소한 덕으로 임천에 살며 작록을 영화롭게 여기지 않았다. 여러 어진 이와 함께 공부해서 간사함을 물리치고 바른 도리를 부지하고자 하였으니, 그 뜻도 본받을 만하고 학문도 순수하였다. 하늘이 그 정성을 알아주어 쌀을 내려주셨고, 쉰 살에 여묘를 살며 종신토록 애모하였으니, 그 효성도 지극하고 행실도 돈독하였다.

후배가 선배의 행실을 기록하면서 어찌 자신과 가까운 사람이라 하여 실상보다 지나치게 미화하랴만, 공의 행적을 기록함에 있어서는 지초와 난초를 조각하는 것과 같아 그 아름다운 향기를 그려내기가 어렵다.

[儉德林泉 不以祿榮 切磨諸賢 闢邪扶正 志可則而學亦

淳矣 帝眷于誠 齎降玉粒 五十廬墓 終身而慕 其孝行至而
篤矣 後知之追述先覺 庸近過實 而如公之行 有如雕芝蘭而
難爲馨也]

남명은 이온의 '간사함을 물리치고 바른 도리를
부지하고자'[閑邪扶正] 하는 학문에의 의지와 순수성을
우선 높이 평가하고, 하늘이 알아주기까지 한 그 효성
에 대해 인정하였다. 이온을 향사하던 용연서원이 대
원군의 서원훼철령에 의해 훼철된 뒤 그 자리에 면암
최익현이 지은 「용연사유허비」가 세워졌는데, 면암도
이 글에서 남명의 윗글을 그대로 인용하면서 그 근거
로 삼은 바 있다.

인천이씨 족보에는 "우왕 9년 계해년(1383)에 국왕
이 안렴사 여극연呂克珚과 고성군수 최복린崔卜麟을 보
내어 쌍비를 세워 정표하게 하였으니, 하나는 '효자리
孝子里' 비석이요 또 하나는 '몰자비沒字碑'다[禑王九年
癸亥 國王遣按廉使奉常大夫呂克珚固城郡事崔卜麟 竪雙碑以旌
之 一曰孝子里 一曰沒字碑]라는 기록이 있다.

지금도 토동 마을 입구에 세워진 정려각에는 '효
자리'라는 작은 비석과 아무 글자도 새겨져 있지 않은
작은 비석이 앙증맞게 짝이 되어 서 있다. 고려 말기에
는 효자가 났을 때 '효자리'라는 작은 비석을 마을 입
구에 세우게 한 모양이다. 포은 정몽주의 효성을 정표
하면서 내린 효자리 비석이 영천시 임고면 양항리에

효자리 쌍비

있고, 문익점의 효성을 정표하면서 내린 효자리 비석이 산청군 단성면 배양리에 있는 데다, 여기 삼가 토동에도 있는 것을 보아서 그렇게 짐작하는 것이다.

글자 없는 비석·몰자비에 대해서 그 족보에는 진晉나라 사안謝安의 백비白碑의 뜻을 취하여 정학을 부지하고 예교를 수립한 공로를 드러낸 것이 아닌가 하며 추측하고 있다. 중국 동진의 태부 사안의 비석이 몰자비인 것은 그 위대한 업적과 성대한 공로를 이루 다 기록하기 어렵기 때문이라고 한다. 그러나 이온의 경우 이와 비교하여 말할 만한 위대한 업적이나 공로가 있었던 것은 아니므로, 견주어 말하는 것은 설득력이 없어 보인다.

어쩌면 당시에는 작은 비에 상응하는 짤막한 내용의 효행 실적이 기록되어 있었는데, 시간이 지나면서 글씨가 마모되어 없어진 것이 아닌지 모르겠다. 고려 말기면 지금으로부터 6백 년도 더 된 것이니, 좋은 돌에 깊이 새기지 않은 이상 지금까지 남아 있기가 어려운 일이 아니겠는가? 그러나 잘 모르는 것에 대해 왈가왈부하는 것은 바람직하지 않으리라.

그리고 하늘이 쌀 궤짝을 내려주었다가 부모가 돌아가신 뒤에 다시 거두어갔다고 하였는데, 그것은 아마도 가난한 효자를 불쌍히 여긴 넉넉한 이웃의 자선이 아니었을까 생각된다. 앞에서 언급한 남명의 글을 통해 자신의 아버지가 이온에 대한 행록을 완성하지 못하고 별세한 것에 대해 안타까워하면서, 자신의 외가 선조에게 이러한 효행이 있음을 자랑스럽게 생각하고 있음을 볼 수 있다. 이 점은 자신이 부모의 상을 당한 뒤 각각 3년 동안 여묘를 살았던 것과도 깊은 관련이 있는 것이다.

그러면 남명의 외조모 통천최씨는 그 가계가 어떠한가? 지금은 통천이 어디인지도 잘 모르고, 인근에 통천최씨도 흔하지 않다. 통천은 강원도 북부에 있는 고을로 지금은 북한 지역이기 때문에 생소한 것이고, 이들 가계가 여말선초에는 창원의 명망 있는 가문이었으나 계유정난을 계기로 가세가 갑자기 기울어져서 타지로 흩어졌기 때문에 창원 인근의 경상남도 지역에 통천최씨가 드물게 된 것이다.

그러나 여말선초에는 하륜河崙·하연河演을 배출한 진주의 진양하씨, 강희맹姜希孟·강희안姜希顔을 배출

최윤덕 묘소

한 진양강씨 등과 함께 창원의 통천최씨는 경상우도
지역의 가장 명망 있는 가문 가운데 하나였다. 대장군
최록崔錄과 병조판서 최운해崔雲海 및 좌의정 최윤덕崔
潤德이 삼대에 걸쳐 나라의 간성 역할을 하였던 뛰어난
장수였으며, 특히 최윤덕은 무재와 함께 덕망이 있어
세종 때 우의정과 좌의정을 역임하고 영중추원사로
일생을 마친 인물이다. 최윤덕은 대마도를 정벌하고
북변의 야인을 진압하여 크게 명성을 떨쳤으나, 세종
이 자신을 우의정으로 임명하자 '무신으로서 재상의
직책에 있을 수 없다' 며 상소하여 무관직에만 전념할
수 있게 해달라고 요청한 인물이다. 유능하면서도 겸
손하고 외적을 맞이하여서는 한 치의 물러섬이 없는
자세를 지녔던 최윤덕이 바로 남명 외조모의 할아버
지다.

　남명의 친구 황강黃江 이희안李希顔의 모친은 최윤

덕의 증손녀. 그러므로 남명과 황강은 외가 쪽으로 보면 모두 최윤덕의 현손이 된다. 그래서 남명은 황강의 모친 통천최씨의 묘지인 「정부인 최씨 묘지」를 지은 바 있다. 여기서 남명은 "정부인 최씨가 태어난 곳은 회창의 정승 고택이고, 돌아가신 곳은 초계의 원융세다. 정승은 4대 동안 가문을 온전히 하여 대신의 지위에 있으면서 충성과 정절을 세습하여 사직을 지탱한 공이 있었다"며 정승 최윤덕을 칭송하고 있다.

묘지명 같은 글에서의 칭송은 의례적인 것이어서 그다지 주목할 가치가 있는 것은 아니다. 그러나 남명은 글을 간결히 압축하여 쓰는 데다, 아버지에 대한 글에서조차 망자에게 아부하지 않으려는 의식을 가졌으므로, 여느 사람의 글처럼 흘흘하게 보아 넘길 수는 없다. 그러므로 최윤덕에 대한 짧은 글에서 그가 외선조 최윤덕의 충성과 정절에 대한 자긍심이 남달랐음을 알 수 있는 것이다.

4. 남명의 젊은 시절

남명은 삼가현에서 태어나 네 살 때까지는 삼가현에서 살았으나, 아버지 조언형이 과거에 급제하여 벼슬살이를 하게 됨으로부터 그 임소를 따라다녔으므로 거주가 일정치는 않았다. 그러나 남명의 아버지가 서

울 생활을 위해 장의동에 집을 마련해 두었으므로, 청
년 시절에는 주로 이곳을 중심으로 대곡 성운과 그 형
성우 및 청송당 성수침 등은 물론 동고 이준경 형제 및
그 종형제들과 교제를 하였던 것으로 보인다.

1) 천부적 재능이 탁월하였고, 질병의 고통 중에 큰 그릇임을 보여주다

　남명의 어린 시절에 관한 기록은 『편년』과 『연보』
밖에 없다. 이들은 모두 『남명집』보다 나중에 간행되
었고, 남명은 원래 자신의 일상에 대한 기록을 자세히
남기지 않았다. 그러므로 『남명집』에 보이는 기록 이
외에는 이 두 기록을 근거로 하지 않을 수 없다. 이 기
록에 의하면 남명은 일곱 살 때 아버지로부터 글을 배
웠다고 한다. 『편년』의 이 부분 기록은 다음과 같다.

　선생은 천부적 재능이 탁월하였으며 행동거지가 조숙
하였다. 말을 할 수 있을 때부터 아버지가 입으로 『시경』
과 『서경』을 외어주면 문득 암송을 하여 잊지 않곤 하였
다. 일곱 살에 배우기 시작하였는데, 감독하지 않아도 자
신이 알아서 부지런히 공부하였다. 그리고 의심스럽거나
어렴풋한 것에 대해서는 반드시 질문을 하여 확실히 이해
한 뒤에야 그만두었다. 행동이 침착하고 장중하여 마치
어른 같았다. 아이들과 어울려 장난을 치지 않았으며, 놀
이 기구를 만지지 않았다.

[先生穎悟夙成 自能言 判校公口授詩書 輒成誦不忘 是
年就學 不督而勤 至疑晦處 必質問 曉解後已 擧止靜重若
成人 不逐群兒戱嬉 不執游弄之具]

　　대체로 훌륭한 인물은 모두 이처럼 어릴 적부터 범
상치 않았다고 기록되어 있는 것이 일반적이다. 그러
므로 행장이나 묘갈명 또는 전기 작품들을 읽으면 천
편일률이라 할 정도여서 쉽게 싫증이 난다. 그러나 남
명의 경우는 왠지 이 말에 수긍하고 싶다. 그의 일생을
보아도 그렇고 특히 그의 「신명사도명」에서 보여주는
격렬한 수양의 자세는 어릴 적 이런 모습을 충분히 상
상하게 해 주기 때문이다.
　　『편년』과 『연보』에는 아홉 살 때의 일로 다음과 같
은 일화를 소개하고 있다.

　　선생이 질병을 앓아 매우 위태하였다. 그러자 모부인
의 얼굴에 근심하는 빛이 가득하였다. 선생이 짐짓 몸을
부지하고 기운을 차린 뒤 잠시 뜸을 들이고는, "하늘이 사
람을 이 세상에 나게 할 적에 어찌 아무런 뜻이 없었겠습
니까? 지금 제가 다행히 사람 가운데서도 남자의 몸을 얻
었으니, 반드시 하늘이 저에게 맡길 일이 있을 것입니다.
어찌 오늘 갑자기 요절하기야 하겠습니까?"
　　[先生嬰疾方危 母夫人甚憂之 先生輒强疾作氣 告以小
間且曰 天之生人 豈徒然哉 今我幸而生得爲男 天必有所與

做得多少事業 豈憂今日遽至夭歿乎]

근심하는 어머니를 위로하기 위해 한 말이라고는
하나, 실은 그 아홉 살 무렵에 이미 매우 당찬 포부를
가지고 있었음을 알 수 있다. 사람의 목숨이란 태어나
자마자 죽는 사람에서부터 100살도 더 사는 사람에
이르기까지 너무나 다양하다. 그것을 모르고 한 어린
애의 말이 아니다. 왜냐하면 이 일화 속에서 남명 자
신은 이 세상에 반드시 할일이 있어서 태어났다고 하
는 생각을 분명히 드러내고 있기 때문이다. 이 점이
특히 중요하다. 아직 성동도 되기 이전의 아이로서 가
지기 어려운 생각이기에 이 말을 들은 사람들이 다들
기이하게 여겼다는 것이다. 이러한 마음이 어른으로
서의 남명의 삶과 매우 긴밀하게 연결되어 있는 것이
다.

2) 지지持志의 공부

『연보』에는 17세 때 아버지의 임소인 단천에서의
생활의 한 단면을 소개하고 있다.

선생은 관아에서 혼정신성의 예를 마친 뒤 방을 깨끗
이 소제한 채 각고의 노력으로 공부를 하였다. 일찍이 깨
끗한 잔에 물을 담아 두 손으로 받들어 밤을 새도록 기울
어지지 않도록 하였다. 이것으로 스스로 마음을 잘 부지

하고 있는지의 여부를 확인하였다. 의복의 띠에 방울을
차고 다녔는데 이를 성성자라고 하였다. 이것으로 마음을
일깨우게 하는 데 도움을 받았다.

　[先生在衙中 每晨昏畢 淨掃一室 刻意用工 嘗以淨盞貯
水 兩手捧之 終夜不傾 以是爲持志之驗也 衣帶間佩金鈴
謂之惺惺子 以是爲喚惺之助也]

　같은 기록이 『편년』에는 18세 조에 들어 있다. 수
필본 『연보』와 『편년』에는 18세 조에 '단천에서 아버
지를 모시고 서울로 돌아왔다'고 했고, 『연보』에는 17
세 조에 '단천端川 임소에서 판교判校 공을 근친觀親하
였다'고 하였다. 중종실록에 의하면, 조언형은 남명이
17세 때인 1517년 3월과 4월에는 사헌부 지평으로 재
직하고 있었으며, 남명이 20세 때인 1520년 6월 29일
에는 단천군수로 재직하고 있었다. 그러니 아버지를
모시고 서울로 돌아온 것은 1520년 이후의 일이고, 17
세 이후 20세 사이에는 단천 임소에서 아버지를 모시
고 있었다고 함이 마땅할 것이다.

　그리고 『편년』 상기 18세 조에는 "당시 판교공이
서울 장의동에 이사해 살고 있었다"고 하며, 대곡 성
운이 남명의 장례 때 남긴 제문의 글을 인용하고 있다.

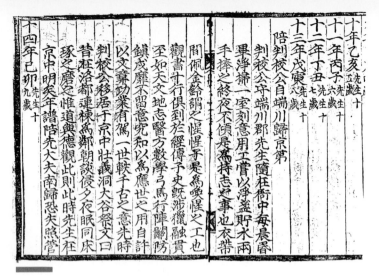

『편년』

예전 서울에 있을 적에,	昔在洛都
지붕을 나란히 이웃하여 살았지요.	連棟爲鄰
아침 토론이 저녁까지 이어졌고,	朝談侵夕
밤에는 같은 이불 덮고 잤지요.	夜眠同床
절차탁마切磋琢磨 수양하되,	琢之磨之
오직 도와 덕을 추구했지요.	惟道與德

　그런데 대곡의 이 글을 『연보』에는 19세 조에서 인용하고 있다. 이는 아마 남명 자신이 뚜렷하게 기록을 남기지 않은 데다, 달리 확실한 방증 자료도 없이 추측에 의해 연보가 이루어졌기 때문에 생긴 차질이 아닌가 한다. 어쨌거나 이런 일이 17세 무렵부터 19세 무렵, 즉 오늘날의 고등학생 시기에 있었던 것으로 보아서 무리가 없을 듯하다.

이는 공자의 '지학志學'에 비견될 만한 것이다. 지학은 학문에 뜻을 둠이라면, 남명의 이 '지지持志' 공부는 뜻을 둔 데 대하여 꾸준히 밀어붙일 수 있는 추진력을 지니고 있겠다는 의지에 해당하기 때문이다.

3) 과거시험에 응시하여 계속 낙방하다

남명은 「규암이 선물한 『대학』 책갑 안에 씀[書圭菴所贈大學册衣下]」이란 글에서 자신의 과거 공부와 관련하여 다음과 같이 언급하였다.

> 약관에 문과 한성시에 합격하고 다시 사마시 초시에도 합격하였으나 예조 관할의 복시에서는 모두 낙방하였다. 그 뒤 '문과 시험도 장부가 자신을 세상에 드러내는 방법이 되지 못하는데 하물며 소과임에랴!'라고 생각하고는, 드디어 사마시는 포기하고 동당시에만 나아가 세 차례 일등에 합격하였다. 그 뒤 합격하기도 하고 떨어지기도 하면서 나이 서른을 넘겼다.
>
> [弱冠而中文科漢城試 幷中司馬試 覆試春官俱黜於有司 以爲科目初未足爲丈夫拔身之地 況此小科乎 遂報司馬擧 只就東堂 三居一等 或進或黜 年已三十餘矣]

이 기록은 상당히 자세하게 서술된 것이나, 당시의 시험 제도를 잘 모르면 남명이 과거에 합격했는지 불합격했는지 얼른 이해하기 어려울 정도다. '등과登科'

○書主養所贈尺學冊衣下 封於宗備書號

余初受氣甚薄又無師友之親唯以傲物為高非但
於人有所傲於世亦有所傲其見富貴貨利蔑如草
泥德忽矯擧浩唁擭臂常若有遺世之像焉斯豈敢
厚周信朴實底氣乎日趨於小人之域而不自知也
弱冠而中文科漢城試並中司馬試覆試春官俱黙
於有司以為科目初未足為丈夫拔身之地況此小
科乎遂輟司馬舉只就東堂三居一等或進或黙年
已三十餘矣又應為文不中程式更求平易簡實之
書觀之始取性理大全讀之一日閱至許氏之說有

『서규암소증대학책의하』

또는 '급제及第'라고 해야 문과나 무과에 최종 합격한 것을 의미하고, 초시에 합격한 것은 1차 시험의 합격에 불과하기 때문에 최종 합격은 아닌 것이다. 위 기록의 의미는 대체로 이러하다.

남명은 약관에 한성에서 치르는 문과 초시에 합격하고 사마시 초시에도 합격하였으나 예조가 주관하는 2차 시험인 복시에서는 모두 낙방했던 것이다. 그 뒤 사마시는 포기하고 문과 시험만을 목표로 그 초시에 해당하는 동당시에 응시하여 세 차례나 일등에 합격하였으나 역시 2차 시험에서는 모두 낙방하였다. 그 뒤에 또 1차 시험에서 합격하기도 하고 떨어지기도 하면서 결국 급제는 하지 못하고 나이 서른을 넘기게 되었다.

그러니 남명은 문과 시험에서나 생원·진사 시험에서나 모두 1차 시험에서는 대체로 좋은 성적으로 합격했으나 2차 시험에서는 매번 모두 불합격하였던 것이다.

4) 조수曺琇의 딸 남평조씨南平曺氏(1500~1568)와 혼인하다

남명은 22세 때인 1522년에 충순위忠順衛 조수曺琇의 딸 남평조씨와 혼인하였다. 조수는 삼가에 살았던 진사 문찬文瓚의 사위다. 문찬은 남명과 친하게 지냈던 사미정四美亭 문경충文敬忠의 삼촌이다. 그러니 남명의 장인은 남명의 친구 문경충의 사촌 자형이다. 그리고 남명 문인 고사孤査 문덕수文德粹는 문찬의 종증손이다.

남명의 혼인과 관련하여 덧붙일 것이 있다. 그것은 같은 조씨끼리 혼인하였다는 희롱이 전해져 오고 있는 데 대한 것이다. 이것은 한 마디로 후대인의 관점으로 흠을 잡으려는 것에 불과하다. 남평조씨의 중시조 조신의曺臣義가 창녕조씨 조자기曺自奇의 아우 조용기曺用奇의 후손이라 하나 계보가 연결되지 않거니와, 계보가 같은 집안이라도 조선 전기까지는 혼인한 예가 적지 않기 때문이다. 이것이 문제가 될 사회적 분위기였다면 당대에 이미 많은 이야기가 나왔을 것이고, 조정에서도 당연히 이를 문제시하였을 것이다.

남명의 장인 조수의 서매庶妹가 조윤손曺潤孫 (1468~1547)의 서자 조의석曺義碩에게 시집간 것도 같은 경우라 할 것이다. 조윤손은 남명의 족질이고 그 아들이 남명의 처 서고모부庶姑母夫이므로 조윤손 집안의 일을 잘 알게 되었기 때문에, 태어나서부터 조윤손이

죽을 때까지 조윤손의 아들 조옥강曹玉剛으로 살았던
이전인李全仁(1516~1568)에 관하여 남명이 「해관서문답
록解關西問答錄」에서 자세히 언급할 수 있었던 것이다.

이처럼 서로 아는 사람끼리 중첩된 혼인이 이루어
지면서 교유가 긴밀해지는 것은, 당시는 물론 근대에
이르기까지의 혼인 및 교제에 나타나는 매우 일반적
인 현상이었다. 그리고 그만큼 혼인의 결속력이 깊었
고 친분관계도 깊을 수밖에 없었던 것이다.

『편년』의 해당 조항에는 다음과 같은 글이 실려 있
다.

선생은 부인을 마치 손님처럼 공경하는 마음으로 대
하였다. 집안이 엄숙하고 정돈되어 비록 하인들이라 할지
라도 머리를 단정히 묶지 않았거나 상투를 단정히 하지
않고서는 선생을 뵙지 못하였다. 음식은 정결한 것을 취
하였으며 화려하거나 맛있는 것을 숭상하지는 않았다. 일
찍이 어떤 사람의 집에서 꽃 모양의 반찬과 안주를 보고
서 저를 대지 않고, "고인은 고기를 자를 적에 단지 반듯
함을 취할 뿐이었다" 하였다.

[先生於配偶 敬對如賓 閨庭之間蕭整 雖婢僕之仰役者
不斂髮整髻 不敢進 飮食取潔精 不尙華美 嘗於人家 見饌
肴象以花卉 不下箸曰 古人切肉 但取方正而已]

부인과의 사이에 인정이 별로 느껴지지 않을 정도

남명부인 남평조씨 묘소

로 엄격해 보인다. 그래도 부부였다. 음식은 반듯하게
만 썰면 되는 것이지 화려하게 만들려고 할 필요는 없
다는 생각이야말로 지극히 현실적이고 메말라 보인다.
남명이 부인과 비복들에게 이런 생각으로 임한 것을
조선시대 학자들은 모두 본받을 만하다고 생각하였던
것이나, 오늘날 사람에도 과연 그럴지는 의문이다.

　　5) 아버지상을 당하다.

　1526년 남명의 나이 26세 되던 해 3월에 그 아버지
조언형이 58세의 나이로 서울의 거처에서 별세하였
다. 선영인 삼가현 판현 안쪽 갓골에 안장하고 산 아래

에서 여막을 지어 삼년상 기간 동안 시묘하였다. 28세 되던 6월에 삼년상을 마치고 10월에는 자신이 직접 찬술한 묘갈명을 강인서로 하여금 쓰게 하여 이 비석을 묘소 앞에 세웠다.

남명의 아버지 조언형의 묘소에 세워진 묘비는 일반적으로 흔히 볼 수 있는 비석과는 그 형태가 자못 다르다. 조언형의 벼슬이 정3품 당하관인 통훈대부 승문원 판교에 그쳤으니, 신도비를 세울 수도 없고 비석의 관개석을 따로 화려하게 치장할 수도 없다. 그러나 남명은 이 상황에서 가장 화려하고 멋있는 묘비를 연출해 내었으니, 원래 자신이 화려한 것을 좋아하였다는 말이 근거가 있음을 알 수 있거니와, 부모의 묘소에 세운 비석의 모양과 내용만으로도 그의 부모에 대한 정성이 얼마나 각별하였던가를 짐작할 수 있다.

조언형 묘소 묘비는 비수碑首와 비신碑身, 좌대 및 양측면 지주석으로 되어 있는데, 비수와 비신은 하나의 돌로 다듬어져 있다. 비수는 두 마리의 용이 여의주를 보호하는 형태로 만들어져 있는데, 여의주가 비수 전체에서 차지하는 비중이 커 보이며 두 마리 용의 입으로부터 여의주에 이르기까지가 파여 있어서 여의주가 상대적으로 매우 돋보이게 표현되어 있다. 이는 이수 형태의 관개석에서 흔히 보이는 양식이긴 하지만, 마치 남명이 자신의 마음을 수양하면서 제시했던 "용이 여의주를 보살피듯 항상 마음에서 잊지 않아야 한다[如龍養珠心不忘]'는 구절을 형상화한 것처럼 보이기도 한다.

양측면의 지주석은 비수와 비신과 좌대를 한 덩어리로 연결시키면서 비신의 글씨를 보호할 수 있도록 설치되어 있다. 석질이 이지러지기 쉬운 사암임에도 500년 가까이 지난 지금에도 글씨가 뚜렷하게 보이는 것은 양측면의 지주석과 비수 부분이 글씨가 새겨진 비신 부분을 비교적 잘 보호해 주는 역할을 하고 있기 때문이다.

비신의 높이는 증조부나 조부의 묘비보다 한 자 정도 높은 120㎝지만, 폭도 한 자 정도 더 넓은데다 비수의 높이와 너비도 더 크다. 비액제는 '통훈대부 승문원 판교 조공지묘[通訓大夫承文院判校曺公之墓]'라 전면 윗부분에 해서로 쓰여져 있고, 비문 글씨는 전면에만 새겨 두었다. 본문은 모두 15행으로 되어 있으며, 매행 34자씩 총 508자의 해서로 쓰여 있다.

묘비를 세운 시기는 무자

남명 아버지 조언형 묘비

년(1528) 10월이고 비문의 찬자는 남명이며 글씨를 쓴 사람은 진산晉山 강인서姜麟瑞로 되어 있다. 남명의 어머니 숙부인 이씨의 묘갈에 글씨를 쓴 사람 역시 강인서로 기록되어 있는데, 그의 인적사항은 아직까지 밝혀져 있지 않다. 남명이 글씨를 부탁할 정도였으면 학문이나 인격 또한 범상치는 않았을 것으로 짐작되지만, 요절하였는지 아니면 개명하였는지 그의 가계조차 진주강씨 족보에서 확인되지 않는다.

조언형은 1504년 문과에 급제하여 23년 동안 벼슬하여 관직이 정3품 당하관인 통훈대부 승문원 판교에 그쳤는데, 이를 두고 남명은 다음과 같이 표현하고 있다.

벼슬살이 20년에 장례 때 예를 갖출 수 없었고 집에서는 먹고 살 길이 없었으니, 자손에게 남긴 것은 분수에 만족하라는 것뿐이다. 두 임금을 두루 섬기면서 특히 수고하고 힘썼지만 벼슬이 삼품에 지나지 않았으니, 구차스럽게 세상에 아부하여 영화를 취하지 않았음을 알 수 있다.

[祿仕二十年 死無以爲禮 家無以爲食 則所遺子孫者 安而已 歷事兩君 賢勞獨勤 而位不過三品 則其不苟阿世取榮者 可知矣]

남명은 아버지의 삶을 통해 두 가지 매우 뜻 깊은 의의를 찾아내었다. 하나는 분수에 만족하라는 것, 그리고 나머지 하나는 구차스럽게 세상에 아부하여 영화를 취해서는 안 된다는 것이다. 남명은 이 비문을 쓰면서 아버지를 통해 느낀 것을 평생 지켰거니와, 5년 뒤인 31세 때는 위기지학으로 학문의 방향을 결정하고 그 이후 일생 동안 과거 시험을 포기한 채 성인의 길로 들어서 일로매진하게 된다. 일생 동안 위기지학의 길로 가려 하였고 결국 그 길로 매진한 것은 아버지의 삶을 통해 느낀 것을 적극적으로 실천한 것이라 할 수 있다.

5. 남명 학문의 전변轉變—
자굴산闍崛山 명경대明鏡臺에서 독서하다

남명은 아버지의 상복을 벗은 28세 이후에도 과거에 급제하기 위해 여러 차례 시험에 응시하였다가 매번 실패하였던 것으로 보인다. 이는 앞에서 인용한 바 있는 「서규암소증대학책의하」에서 스스로 언급한 다음의 글에서 짐작할 수 있다.

약관에 문과 한성시에 합격하고 다시 사마시 초시에도 합격하였으나 예조 관할의 복시에서는 모두 낙방하였다. 그 뒤 '문과 시험도 장부가 자신을 세상에 드러내는 방법이 되지 못하는데 하물며 소과임에랴!' 라고 생각하고

는, 드디어 사마시는 포기하고 동당시에만 나아가 (그 초
시에서) 세 차례 일등에 합격하였다. 그 뒤 (동당시 초시
에서) 합격하기도 하고 떨어지기도 하면서 나이 서른을
넘겼다.

[弱冠而中文科漢城試 幷中司馬試 覆試春官俱黜於有
司 以爲科目初未足爲丈夫拔身之地 況此小科乎 遂輟司馬
擧 只就東堂 三居一等 或進或黜 年已三十餘矣]

이 기록에 의하면 남명은 20세 때 사마시와 문과
시험의 회시에서 낙방한 이후, 문과에만 응시하여 그
초시에서 세 차례 일등을 하였으며, 또 그 이후 초시에
합격하기도 하고 떨어지기도 하면서 30세를 넘겼다는
것이다.

또 문장이 과문의 형식에 맞지 않는다는 생각을 하여,
다시 평이하고 간실한 책을 구하여 보았다. 그래서 처음
으로 『성리대전』을 가져다 읽게 되었다. 하루는 그 책을
보다가 원나라 학자 허형의 다음 글을 접하였다. "나아가
벼슬하면 나라를 위해 크게 하는 일이 있어야 하고, 물러
나 은거해 있으면 스스로를 지킬 줄 알아야 한다. 대장부
는 마땅히 이와 같이 하여야 한다. 나아가 벼슬해도 하는
일이 없고 물러나 은거하면서도 지키는 것이 없다면, 뜻
하고 배운들 무엇하겠는가?"
이 글을 보고서 흠칫 자신을 되돌아보니, 부끄럽고 위

축되어 정신을 잃을 것 같았다. 배운 것이 형편없어 거의 일생을 그르칠 뻔한 것과, 애초에 인륜이나 일상생활에서의 일들이 모두 본분 속에서 나오는 것인 줄 몰랐던 것에 대하여 깊이 탄식하였다. 드디어 과거 공부에 싫증이 나서 이를 포기하고, 학문에 전념하여 점점 근본적인 곳으로 나아가게 되었다.

[又慮爲文不中程式 更求平易簡實之書 觀之 始取性理大全 讀之 一日閱至許氏之說 有曰 出則有爲 處則有守 大丈夫當如此 出無所爲 處無所守 所志所學 將何爲 輒竦然自省 愧縮自喪 深嘆所學之無類 幾枉了一世 初不知人倫日用事 皆自本分中來也 遂厭科舉之學 亦復廢輟 專意學問漸就本地家鄕入焉]

서른 살을 넘긴 어느 날, 남명은 자신이 과거 시험에 계속 떨어진 원인이 그의 답안 문체文體에 있음을 알았다. 남명은 『좌전左傳』과 유종원柳宗元 문장의 특징인 주도면밀하고 난해한 고문古文을 좋아하여 늘 그 문체로 답안을 작성하였던 것이다. 그래서 좀더 평이하고 간실한 문체를 익히는 방법을 강구하게 되었던 것이며, 그래서 보게 된 책이 『성리대전』이었는데, 여기서 허형의 글을 접한 뒤 정신을 잃을 정도의 심각한 충격을 받았다는 것이다.

공부하여 과거에 합격하려는 이유가 궁극적으로 무엇인가? 입신양명을 함으로써 부모의 이름을 드날

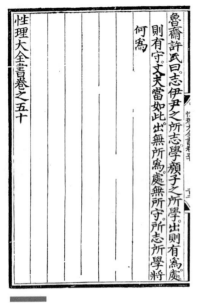

『성리대전』

리는 것이 아닌가? 그러나 현실의 벼슬과 그 벼슬에 따르는 이록을 위한 출세는 진정한 의미에서의 유학의 목표는 아닌 것이다. 유학자가 진정으로 추구해야 하는 것은 무엇인가? 남명은 그 답을 허형의 언급을 통해서 깨달은 것이다.

　　나아가 벼슬하면 나라를 위해 크게 하는 일이 있어야 하고, 물러나 은거해 있으면 스스로를 지킬 줄 알아야 한다. 대장부는 마땅히 이와 같이 하여야 한다.

　　　　　[出則有爲 處則有守 大丈夫當如此]

　　나아가 벼슬해도 하는 일이 없고 물러나 은거하면서도 지키는 것이 없다면 기껏 훌륭한 인물을 목표로 하여 뜻하고 배운들 아무 소용이 없다는 것이다.
　　같은 글을 보고도 아무런 생각이 없는 사람도 있고, 그저 좀 좋다고 생각하는 사람도 있는가 하면, 정신을 잃을 정도의 심각한 충격을 받아 그것이 인생의 중대한 전환점이 되는 경우도 있는 것이다. 남명의 경우가 바로 후자에 속한다. 누구에게나 이런 기회가 오지 않는 것은 아니건만, 범인은 슬쩍 지나쳐 버리고 만다. 그러나 남명 같은 현자는 그것을 정확하게 잡아 자신의 역사 안으로 끌어들였던 것이다.

남명이 『성리대전』에 보이는 허형의 글을 접하기 전에는 위기지학과 위인지학을 구별하여 이해하지 못했다고 할 수는 없을 것이다. 모름지기 위기지학을 해야 한다고 하면서, 세상 모든 사람들이 가는 위인지학의 길을 좇아 남들처럼 과거에 급제하기 위하여 부단히 응시하였던 것이다.

그러다가 문득 대오각성하게 되었다. 이는 참선하는 사람들이 얻은 깨달음의 경지라 할 것이다. 이 깨달음을 얻은 이후 남명은 과거에는 뜻을 두지 않고 자신의 인격을 수양하는 일에만 일로매진하게 된다. 이 길로 방향을 전환한 것에 대해 친구들이 크게 기뻐하면서 선물을 주었다. 동고東皐 이준경李浚慶이 『심경心經』을 주었고 규암圭菴 송인수宋麟壽가 『대학大學』을 주었다. 그리고 서울 생활을 정리하고 김해의 산해정으로 내려올 적에 성우成遇는 『동국사략東國史略』을 선물로 주었다.

『편년』과 『연보』의 29세 조에는 가을에 자굴산闍崛山에서 독서하였고, 30세 조에는 김해 신어산神魚山 아래에 산해정山海亭을 건축하였다는 기록이 있다. 이 기록은 31세 조에 자굴산에서 『성리대전』을 읽다가 허형의 글을 읽고 위기지학으로 학문의 방향을 크게 전환하게 되었다고 기술하고, 32세 조에 서울 생활을 청산하고 김해의 신어산 아래 산해정으로 거처를 옮겼다는 것으로 정정해야 할 것이다.

왜냐하면 32세 때인 1532년에 쓴 「서규암소중대학책의하」에서 『성리대전』을 통해 허형의 글을 접한 것이 서른 살 넘어서의 일이라고 남명 스스로 언급하였고, 같은 글에서 또 자신이 위기지학으로 학문의 방향을 전환한 것을 축하하는 뜻에서 벗 이 원길이 『심경』을 주었다고 하였는데, 이 원길 즉 동고 이준경이 자신에게 『심경』을 준 것에 대하여 기록해 둔 「서이군원길소중심경후」를 쓴 날짜가 신묘년(1531) 10월이기 때문이다. 그리고 「제성중려소증동국사략후」에서 남명 자신이 임진년(1532)에 서울에서 가족을 데리고 김해 구장舊庄으로 영구히 돌아왔다고 기록해 두었기 때문이다.

그렇다면 남명이 학문의 방향을 전환하는 일대 계기가 된 『성리대전』을 읽은 곳이 자굴산이라는 증거는 있는가? 이것은 아마 「명경대」 제하의 다음 칠언절구가 그 정황을 어느 정도 설명해 준다고 할 수 있을 것이다.

운근雲根에 도끼대어 산 북녘에 세워둠에, 斧下雲根山北立
소매로 하늘 치듯 붕새가 남으로 날아왔네. 袖翻天窟鳳南移
열자처럼 훌쩍 떠나 열흘 만에 돌아오리니, 泠然我欲經旬返
때문에 여기서 돌아감을 동행에게 알리노라. 爲報同行自岸歸

『편년』과 『연보』에서는 남명이 산사에서 『성리대전』을 읽다가 허형의 글을 통해 과거 공부를 접었다고 하는데, 필자는 이 산사가 바로 자굴산의 명경대 옆에 있었던 암자고, 그 시기를 31세 때로 보는 것이다.

인용문에 보이는 남명의 「명경대」 시에서 "열자처럼 훌쩍 떠나 열흘 만에 돌아오리니"라는 표현을 어떻게 이해할 것인가 하는 점이 이 시의 의미를 이해하는 관건이다. 이 구절은 『장자』 「소요유」에 보이는 열자列子의 이야기를 원용한 것이다.

저 열자라는 사람은 바람 타고 다니는 일을 경쾌히 잘하여, 간 지 십오 일이 지난 뒤에 되돌아왔다. 그는 복을 얻는 일에 대해서는 미련이 없다. 비록 걸어다니는 수고로움을 면하긴 했으나 그래도 의존할 대상이 있는 사람으로 완전히 자유롭지는 못하다.

[夫列子御風而行 泠然善也 旬有五日而後反 彼於致福者 未數數然也 此雖免乎行 猶有所待者也]

장자는 열자에 대해 언급하면서 세상의 화복은 잊었으나 세상사를 완전히 잊어 완벽하게 자유로운 경지에는 이르지 못한 사람으로 묘사하고 있다. 훌쩍 떠난다는 의미의 '영연泠然'은 바람을 타고 무궁한 세계로 가는 것을 의미하고, 돌아온다는 것은 세상 속으로 돌아온다는 의미다.

붕새가 남쪽으로 날아왔다는 것은 남쪽인 자굴산으로 와서 과거에 대비한 공부를 하여 문과에 급제하여 큰 뜻을 펼쳐보겠다는 의지다. 훌쩍 떠난다는 것은 과거 공부를 접는 마음의 자세를 말한 것이다. 열흘 만에 돌아온다는 것은 명경대로 돌아온다는 것이 아니라, 서울 살림을 정리하고 김해로 돌아오리라는 것이다.

남명의 이 시가 이러한 맥락을 가지고 있기 때문에 마지막 구절의 '자안귀自岸歸'는 남명이 동행에게 통보하는 내용이 되고, 그 의미는 '안岸으로부터 돌아간다는 사실'이 되는 것이다. 그렇다면 '안岸'은 자신이

명경대에서 내려다 보이는 전경

그 동안 문과에 급제하기 위해 공부에 몰두하였던 '명경대'를 가리키는 것으로 봄이 순리다. 그러므로 이 명경대는 남명 학문의 전변처로서 그 의미가 매우 크다 할 수 있다.

그리고 「명경대」 제하의 다음 칠언율시 또한 출처出處에 대한 남명의 마음을 어느 정도 읽을 수 있게 한다.

이렇게 높은 대를 누가 허공에 솟게 했나?	高臺誰使聳浮空
당시 오주가 부러져 골짝에 박힌 것이리라.	鰲柱當年折壑中
푸른 하늘이 조금도 내려옴을 허락지 않고,	不許穹蒼聊自下
양곡暘谷을 비로소 끝까지 보도록 하였도다.	肯教暘谷始能窮
속인이 올까 꺼려 문 앞에 구름을 드리웠고,	門嫌俗到雲猶鎖
마귀의 시기가 두려워 나무가 감싸게 했네.	巖怕魔猜樹亦籠
하늘에 빌어 주인 노릇 하려고도 했지만,	欲乞上皇堪作主
은혜 융성함을 세상에서 질투하니 어찌하나.	人間不奈妬恩隆

이 시의 마지막 연에서 남명은 명경대에서 주인 노릇하고 싶은 생각도 있었음을 말하면서, 세상의 질투 때문에 그 노릇도 할 수 없음을 토로하고 있다. 이는 그가 노장적 사고방식을 매우 선망하고 있으면서도 결코 거기에 매몰되지는 않으리라는 의지이며, 또한 세상 속에서 사람들이 진정 필요로 하는 학문을 하겠다는 의지로도 읽히는 것이다.

남명이 『성리대전』에 나오는 허형의 글을 읽고 위기지학으로 학문의 방향을 바꾸게 된 시기를 『편년』과 『연보』 및 동강 김우옹이 찬술한 행장에는 모두 25세 때의 일이라 하고, 내암 정인홍이 찬술한 행장에는 26세 때의 일이라 하였다. 그러나 남명 자신이 쓴 글에 의하면 이 시기는 31세 10월 이전의 '삼십여세三十餘歲'이니, 바로 31세 때가 된다. 그렇다면 어떻게 이런 착오가 있게 된 것인가?

　　우선 남명이 남긴 제발題跋은 자신의 친구로부터 받은 책에 직접 써 둔 것이므로 이 기록의 사실 여부를 의심할 수는 없다. 그러면 남명 문인 가운데 가장 현명하다고 일컬어지는 정인홍과 김우옹이 잘못 들은 것인가? 그렇지도 않다고 본다. 다만 남명이 제자들에게 자신의 학문 방향이 전변하게 된 계기를 언급하면서 그 시기를 대강 이야기하여, 내암에게는 26세 때라고 하고 동강에게는 25세 때라고 한 것으로 보아야 할 것이다. 남명 같이 총명하신 분이 이런 착각을 했을 리가 없다고 하면 이 문제는 풀기 어렵다. 나이 예순을 넘긴 남명이라면 30년도 더 지난 일에 대해 이런 정도의 착각은 충분히 있을 수 있는 일이다. 내암과 동강에게 말한 내용의 핵심은 『성리대전』에 나오는 허형의 글을 읽고 크게 깨달았다는 데 있었던 것이고, 그 당시 자신의 나이가 정확하게 몇 살이었느냐 하는 것은 대화의 핵심 내용이 아니었다. 대체로 과거 시험에 여러 차례 떨어지고 난 즈음의 젊은 시절 어느 해라는 정도로 언급한 것에 불과하였던 것이다.

이 문제는 1894년 무렵 『남명집』을 개간할 적에 문집 산삭을 담당했던 당사자들은 알고 있었던 것 같다. 왜냐하면 너무 오래 동안 알려진 25세 설을 뒤집기가 곤란해서인지는 몰라도 당시 간행본에서는 「서규암소중대학책의하」의 '연이삼십여의年己三十餘矣' 부분이 산삭되어 있기 때문이다. 아무리 오래 알려진 설이라 하더라도 잘못 되었으면 그 근거를 들어서 바로잡아야 하는 것이 바람직한 일일 것이다. 오설誤說을 견지하기 위해 『남명집』에 실려 있던 남명이 쓴 글조차 삭제하려는 생각은 남명을 높이는 방법이 아닐 뿐만 아니라, 역사가 무엇인지에 대해 깊이 생각하지 않은 행동으로밖에 볼 수 없다.

산해정山海亭 시대(31~48세)

1. 과거 포기와 벗들의 격려

1) 4성현聖賢 유상遺像 병풍을 만들다

연보에는 25세조에 4성현의 유상을 병풍으로 만들었다고 기록되어 있다. 이것은 앞에서 언급한 것처럼 학문의 전변 시기와 관련하여 25세조에 기록해 둔 것이었다. 그러나 31세에 남명이 학문의 방향을 바꾸고 난 뒤의 어느 때에 이 4성현의 유상을 직접 모사하여 매일 경배하였다고 보는 것이 순리일 것이다.

4성현이란 공자孔子[孔丘],

4성현유상 봉안 현판

기원전 551~479]・주렴계周濂溪[周敦頤, 1017~1073]・정명도程明道[程顥, 1032~1085]・주자朱子[朱熹, 1130~1200]를 말한다. 왜 남명은 하필 이 네 분의 유상을 손수 모사하여 그토록 특별히 존숭하였던 것일까? 이것은 그가 위기지학으로 학문의 길을 확실히 결정한 뒤 그 길로 일로매진하기 위하여 취한 하나의 특별한 행동이라 생각된다. 과거에 합격하기 위한 공부에 몰두하고 있을 시기에는 이런 쪽으로 정신을 분산하기는 어려웠을 것이다.

이 네 분의 이미지 가운데 어떤 점이 의미가 있다고 판단해서 모사하기를 결정했던 것일까? 주렴계가 네 분에 드는 것은 어떤 의미이며, 정이천程伊川이 아니고 정명도程明道인 것은 무슨 의미이며, 주자는 또한 남명에게 어떤 의미인가?

우선 이 네 분 속에 노자와 장자가 들지 않는다는 점에서 남명 학문의 지향점이 노장학에 있지 않음을 알 수 있다. 남명의 글에 자주 등장하는 노장 또는 도교의 연단과 관련되는 언급들은, 순식간에 달아났다가 돌아오기도 하는 마음을 제대로 붙잡기 위한 방편이었다. 이는 바로 시살적 존양성찰이라는 남명 특유의 격렬한 수양방법과 깊은 관련이 있는 것이다. 노장이나 도교・불교 관련 언급들은 모두 유학에서의 성인이 되기 위한 마음 수양을 위해 부분적으로 수용한 것이라 할 수 있는 것이다.

주렴계는 신유학의 근원을 연 인물로서의 의미가 있다. 그가 저술한 것으로 알려진 「태극도설太極圖說」은 신유학의 이론적 배경 가운데 매우 중요한 의미가 있는 것이다. 「태극도설」은 『주역』을 바탕으로 우주만물 속에서의 인간의 의미와 그 탄생 과정 및 군자와 소인의 삶 등에 대해 이론적으로 설명하고 있기 때문이다.

주돈이의 태극도

① 아무런 형상이 없으면서도[無極] 모든 물상이 존재케 하는 원리[太極]가 있다. 태극太極이 움직이게 되면 양陽이 생긴다. 움직임이 지극함에 이르면 고요해진다. 고요해지게 되면 음陰이 생긴다. 고요함이 지극함에 이르면 다시 움직인다. 한 번 움직이고 한 번 고요해지는 것이 서로 그 뿌리가 된다. 이렇듯 음과 양으로 나뉘어져서 양의兩儀가 성립된다.

[無極而太極 太極動而生陽 動極而靜 靜而生陰 靜極復動 一動一靜 互爲其根 分陰分陽 兩儀立焉]

태극은 우주 만유의 생성 원리이면서 각각의 물상 자체를 가리키기도 한다. 무극은 태극이 어떤 사물로 존재하기 이전의 원리임을 드러내는 말이다. 그래서 '무극이 바로 태극이다' 라고 할 수 있는가 하면, '무극에서부터 태극이 생겨난다' 고도 할 수 있는 것이다. 『주역周易』「계사繫辭 상上」에서 "역易에는 태극이 있으니 이것이 양의兩儀(天地)를 생기게 한다"고 하였는데, 「태극도설」의 첫부분은 이를 좀더 구체적으로 설명한 것이다. 이 부분은 인간과 만물이 존재하는 우주의 개창 원리를 밝힌 것이다.

　② 양이 변화하고 음이 이에 응하여 물, 불, 나무, 쇠, 흙의
　　다섯 가지 기운[五氣]이 생겨나며, 이 다섯 가지의 기운
　　이 조화롭게 배치되어 네 계절이 돌고 돈다. 다섯 가지
　　의 기운[五行]은 음양陰陽에 다름 아니요, 음양은 태극
　　太極에 다름 아니며, 태극은 본래 아무 형상이 없는 것
　　[無極]이다. 다섯 가지 기운이 생기면서 각기 다섯 가지
　　성질이 있게 된다.
　　[陽變陰合 而生水火木金土 五氣順布 四時行焉 五行 一
　　陰陽也 陰陽 一太極也 太極 本無極也 五行之生也 各一
　　其性]

　우주가 개창된 뒤에 음양의 원리에 의해 오행이라는 근원적인 기운이 생겨나 조화롭게 배치되면서 기후의 변동과 계절의 변화가 생기게 된다는 것이다. 그리고 그 오행이 바로 음양이고, 음양이 바로 태극이고,

태극이 바로 무극이라는 것이다. 형상의 존재 이전에 그 존재의 원리로서의 무극이 있어서 동정과 변합을 통해 다섯 가지 기운이 생성되는 바, 거기에는 각기 다섯 가지 성질이 있게 되었다는 것으로, 이는 우주의 개창으로부터 생명체가 탄생하기 이전까지의 원리를 밝힌 것이다.

> ③ 무극의 참됨과 음양·오행의 정수가 신묘하게 화합하여 응결하되, 하늘의 원리[乾道]로 남성男性이 이루어지고 땅의 원리[坤道]로 여성女性이 이루어진다. 두 기운[天地·陰陽·男女]이 서로 감응하여 만물이 생겨난다. 만물이 나고 나는 변화는 가이없다.
> [無極之眞 二五之精 妙合而凝 乾道成男 坤道成女 二氣交感 化生萬物 萬物生生 而變化無窮焉]

이 부분은 생명체가 생성되는 원리를 밝힌 것이다. 무극의 참됨이란 창조주의 창조 의도라는 말에 가까울 것이고, 음양·오행의 정수란 생명의 창조가 가능해지는 환경을 말하는 것이며, 건도와 곤도는 남녀 또는 암수로의 분화 요인을 든 것이다. 천지의 조화를 전제로 식물의 경우는 음양의 조화에 의해, 동물의 경우는 암수의 결합에 의해 만물이 끊임없이 생성 변화한다는 것이다.

④ 오직 사람만이 그 빼어난 기운을 얻어 가장 영특하다.
육신이 생기자 정신이 지성을 발휘하게 되는 것이고,
오성五性(仁義禮智信)이 외부 현상에 감촉하여 자극을
받아 움직여서 선악이 갈라지고 인간의 모든 일이 생
겨나는 것이다.

[惟人也得其秀而最靈 形旣生矣 神發知矣 五性感動而
善惡分 萬事出矣]

이 부분은 생명체 가운데 인간 존재에 대한 인식
태도를 보여주는 것이다. 이미 존재하고 있는 만물 가
운데 인간이 가장 빼어난 기운을 타고 났기 때문에 인
간만이 지성을 가지고 오성을 느끼며 선악을 행하여
인간세상의 모든 일이 생겨나게 되었다는 것이다. 특
히 인간이 우주의 어떤 존재보다 우월할 수밖에 없는
본질적 영특함으로 인해 인문人文을 이룰 수 있는 자질
을 타고났음을 강조한 것이 의미 있다 할 것이다.

⑤ 성인이 알맞음[中]·바름[正]·어짊[仁]·의로움[義]에 따
라 인간 만사를 정定하고, 마음을 고요하게 지니는 것
을 위주로 하여, 인간 윤리의 가장 큰 표준[人極]을 세웠
다. 그러므로 성인은 천지와 그 덕이 합치하고, 일월과
그 밝음이 합치하며, 사계절과 그 질서가 합치하고, 귀
신과 그 길흉이 합치한다. 군자는 이것[中·正·仁·義]
을 수양해서 길하게 되고 소인은 이것을 어겨서 흉하

게 된다.

[聖人定之以中正仁義 而主靜 立人極焉 故聖人 與天地
合其德 日月合其明 四時合其序 鬼神合其吉凶 君子修
之吉 小人悖之凶]

천지 · 일월 · 사시 · 귀신의 공능을 겸비한 성인이
인간 윤리의 표준을 세워 인간답게 살 수 있는 길을 제
시한 바, 이 길로 가는 사람은 군자가 되고 이를 어기
는 사람은 소인이 된다는 것이다. 이 부분은 성인의 역
할과 군자 · 소인의 나뉘어짐을 언급함으로써 군자의
길을 추구하는 것이야말로 천지 자연의 생성과 조화
의 원리에 합치됨을 밝힌 것이다.

⑥ 그러므로 하늘의 원리는 음 · 양陰陽이라 하고 땅의 원
리는 부드러움과 군셈[柔 · 剛]이라 하며 사람의 도리는
어짐과 의로움[仁 · 義]이라 한다. 또 시작과 끝의 순환
하는 이치를 깊이 생각해 보면 죽음과 삶의 이치를 알
수가 있다. 크도다, 변화[易]의 이치여! 이야말로 지극
한 진리다.

[故曰 立天之道 曰陰與陽 立地之道 曰柔與剛 立人之道
曰仁與義 又曰 原始反終 故知死生之說 大哉易也 斯其
至矣]

이 부분은 이 글 전체를 총결한 것으로, 천 · 지 ·

인의 도와 그 사이에서 일어나는 사생의 변화가 모두 대자연의 변화의 법칙 속에 있음을 밝힌 것이다. 그러므로 인간 또한 음양과 강유의 원리에 상응하는 인의에 따른 삶을 살아가는 것이 자연스럽고 지극한 것이 된다는 것이다.

주렴계의 「태극도설」은 『노자』에 보이는 '무극無極'과 '무욕이정 천하장자정無欲以靜 天下將自定' 등의 용어 및 개념을 끌어오고 동중서董仲舒의 오행 개념을 끌어왔으나, 거의 대부분의 논리는 『주역』에서 가져왔다. 즉, 윗글 ①~③에 보이는 태극과 음양 및 양의, 건도성남 곤도성녀 및 윗글 ⑤·⑥에 보이는 것은 모두 『주역』의 「계사전繫辭傳」·「문언전文言傳」·「설괘전說卦傳」을 인용한 것이다.

그러나 윗글 ④는 주렴계 자신이 오행을 오성과 관련을 지어 인간의 만사가 이로부터 생겨났다는 주장을 한 것으로 독특한 의미가 있다. 그 뒤 정자와 주자에 의해 신유학, 즉 성리학의 이론체계가 성립되면서, 이 인의예지신의 오성은 인의예지의 사단으로 바뀌어 이것이야말로 인간이면 누구나 타고난 본연지성이라는 주장으로 자리잡게 된다.

이 「태극도설」에 대한 설명은 『성리대전』 1권에 자세히 설명되어 있으며 『근사록』 1권에도 나온다. 이것은 결국 성리학의 존재론과 가치론을 설명한 것으로 성리학의 시원적 이론 근거의 지위를 차지한다.

당말과 북송 초기에는 우주생성론에 관해 유儒·불佛·도道 사이에 특별한 경계가 없었으며, 주돈이는 그러한 조류 속에서 「태극도설」을 저술했다. 그래서 태극도는 도가의 「태극선천지도太極先天之圖」나 불교의 「수화광곽도水火匡郭圖」와 유사한 점이 많고, 또 실제 그 영향을 받아 작성된 것으로 보는 것이 일반적이다. 남명이 4성현 유상에 주렴계를 넣은 것은 주렴계의 이러한 학자적 태도를 따르겠다는 의지로 보이며, 따라서 그가 노·불의 장점을 수용하려는 유연한 태도를 지닌 것은 이로써 자연스럽게 이해될 수 있는 것이다.

정자程子는 형인 명도明道 정호程顥와 아우인 이천伊川 정이程頤를 아울러 일컫는 칭호지만, 학문적인 면에서 주자가 일컫는 정자는 거의 대부분 아우인 이천 정이를 가리킨다. 그런데 남명은 4성현 유상에 이천을 넣지 않고 오히려 명도를 넣었다. 이는 무슨 의미인가?

명도와 이천은 그 아버지 정향程珦의 지시에 의해 어릴 적부터 염계 주돈이의 가르침을 받았다. 명도는 특히 "무숙茂叔을 다시 만나고 난 뒤 바람을 읊고 달을 희롱하며 돌아왔다. 공자께서 '나도 점點과 같은 생각이라' 말씀하신 뜻에 공감하였다"는 언급을 보면 명도가 무숙[주돈이의 자字]에게 적지 않은 정신적 감화를 받았음을 짐작할 수 있다.

명도는 이처럼 광풍제월光風霽月의 기상을 마음 밑에서부터 가지고 싶어 하였던 것으로 보인다. 그는 "부귀해도 방탕하지 않고 빈천해도 즐거우니, 남아가 이 경지에 이르러야 호걸스런 사내라네[富貴不淫貧賤樂 男兒到此是豪雄]"라 읊었고, "구름 엷고 바람 가벼운 한낮 무렵, 꽃 찾아 버들 따라 앞시내를 지나가네. 사람들은 내 마음의 즐거움을 모른 채, 한가로움 즐기며 소년을 배운다 하네[雲淡風輕近午天 訪花隨柳過前川 傍人不識 予心樂 將謂偸閑學少年]"라 읊으며, "내마음이 곧 천지의 마음[吾之心 卽天地之心]"이라 하는 등 천지만물이 나와 일체라는 생각을 가지고 있었다. 그리고 "배우는 자는 모름지기 인을 알아야 한다[學者須要識得仁體]"하면서도 여기에 이르는 방법에 대해서는 말하지 않고, 성·경誠敬을 통한 심성의 수양과 신오神悟 및 정성定性을 일컬으며 자득을 강조하였다. 그리하여 그 문하의 사량좌謝良佐·양시楊時 같은 이들의 학문도 이러한 학문 경향을 띠게 되었고, 양명陽明 왕수인王守仁은 이 점이 더욱 공맹의 뜻에 부합된다고도 하였던 것이다.

한편 이천의 거경궁리居敬窮理와 성즉리性卽理에 기반한 이기설理氣說 등은 주자가 잘 이어받아, 염계 이후 정자를 비롯한 송조 초기의 이른바 육군자六君子의 학문을 집대성하여 신유학을 완성하였다. 주자의 학설에 가장 큰 부분을 차지하는 것은 거의 이천으로부터 왔다고 해도 과언이 아니다. 남명이 이천을 4성현에 넣지 않은 것은 주자를 넣음으로써 그 속에 이미 이천을 포괄하고 있다는 의미로 보아야 할 것이다. 주자의 학문은 그만큼 염계나 명도보다 이천의 학문 태도나 학설을 근간으로 하여 이루어진 것이라 할 수 있다.

남명은 4성현 유상을 스스로 모사하여 병풍을 만들어 아침마다 펼쳐서 배례한 뒤 하루의 일과를 시작했다고 제자들이 증언하고 있다. 이 유상을 모사한 정확한 시기는 기록되어 전하지 않는다. 그러나 그 시기를 대체로 위기지학으로의 전환이 있었던 31세 이후라고 해야 남명의 일생이 자연스럽게 이해될 것이다. 더구나 이 유상에 이천이 빠져 있고 명도가 들어 있는 것은 유학자로서 궁리보다는 실천을 중시하는 남명의 학문 태도와 깊은 관련이 있다고 보지 않을 수 없기에 더욱 의미가 있는 것이다.

2) 산해정山海亭을 건축하고 남명南冥이라 자호自號하다

연보에는 30세조에 산해정을 건축했다고 기록되어 있다. 이 역시 확실한 근거가 있는 것은 아니다. 그러므로 남명의 학문적 전환으로 32세에 서울에서 김해로 완전히 거처를 옮긴 것이 산해정의 건축 배경으로 보는 것이 순리일 것이다.

김해의 신어산 동쪽 탄동炭洞은 남명의 장인 조수曺琇의 전장이 있던 곳이다. 이 골짝의 가장 깊숙한 곳,

산해정 현판

신어산 한 자락이 낙동강으로 달려 내려가는 곳에 산해정은 터를 잡고 있다. 이곳은 남동쪽으로 낙동강이 바다로 들어가 한 덩어리가 되는 것을 바라볼 수 있는 곳이다. 지금은 동서 낙동강 사이의 삼각주에 건물이 많이 들어서서 바다가 보이지 않는다. 그러나 신어산과 이 남해 바다를 넣어서 산해정이란 이름을 지었으니, 그 이름이 가리키는 바가 대단히 높고 대단히 넓다.

신어산은 수로왕의 부인 허황옥이 인도의 아유타국에서 가져왔다는 돌과 그녀의 무덤이 있는 곳이다. 그곳은 신어산의 남서쪽이고 수로왕의 무덤도 인근에 있어, 가야 제국의 수도로서 역사적으로 유서가 깊은 곳이다. 산해정이 있는 신어산의 동쪽은 터가 넓지 않아 시야가 아주 툭 트인 곳은 아니다. 그러나 남명은 이곳에다 산해정이라는 정자를 지었고, 또 남명이라는 호를 사용하였다. 자연 환경이 거기에 살았던 인물을 빛내기도 하지만, 거처한 인물이 그 자연환경을 더욱 빛나게도 하는 것이다.

'남명南冥'은 『장자莊子』의 「소요유逍遙遊」편 첫머리에 보이는 말이다. 여기에서는 우리가 눈으로는 볼 수 없는, 엄청난 크기의 정신세계를 마치 본 것처럼 이야기하는, 우화식 표현법이 사용되고 있다.

북쪽 바다[北冥]에 물고기가 있으니 그 이름이 곤鯤이다. 곤의 크기가 몇 천 리나 되는지 모른다. 그 곤이 변화하여 새가 되었으니 그 이름이 붕鵬이다. 붕새의 등이 몇 천리나 되는지 모른다. 붕새가 힘차게 날면 그 날개가 마치 하늘을 뒤덮은 구름과 같다. 이 새는 바다의 기운이 움직이기 시작하면 남쪽 바다[南冥]로 날아가려고 한다. 남쪽 바다는 하늘의 연못[天池]이다.

[北冥有魚 其名爲鯤 鯤之大 不知其幾千里也 化而爲鳥 其名爲鵬 鵬之背 不知其幾千里也 怒而飛 其翼若垂天之雲 是鳥也 海運則將徙於南冥 南冥者 天池也]

이 글은 『장자』의 첫머리 글로 남화자南華子 장주莊周의 세계관을 직감케 하는 것이어서, 자신의 아호를 여기서 따온 남명의 정신적 지향 또한 범상치 않음을 알 수 있다. 이 글에서 우리는 그 크기가 몇 천리나 되는지 알 수 없는 엄청난 크기의 곤鯤과 붕鵬을 등장시키는 의도에 주목할 필요가 있다. 그리고 곤이 붕으로 변화하는 구조와 바다의 움직이는 기운을 탄다는 의미와 천지天池를 의미하는 남명南冥이란 이미지 등을 자세히 살펴볼 필요가 있는 것이다.

장주의 이러한 서술 기법을 우리는 우언寓言이라 이른다. 우언은 사실을 기록한 것이 아니다. 그러한 기록을 통하여 전달하고자 하는 메시지가 따로 있다. 장주는 이 글의 곤이나 붕을 통해 눈으로 보고 귀로 듣는 등 감각의 세계를 넘어서는, 실제로 엄청나게 큰 존재가 이 우주 속에 있음을 깨우치려 한 것이다. 장주는 드러내어 말하지는 않았으나 이에 상대적으로 엄청나게 작은 존재 또한 이 우주 속에 있음을 이야기하고 있기도 하다. 고정 관념을 깨게 하여 우주를 보다 크게 인식하게 한 것이다. 바다의 움직이는 기운은 깨달음을 얻을 수 있는 역사적 기회 또는 사회적 기회를 의미하며, 붕새의 최종 목적지 남명은 바로 그 깨달음의 경지에 이름을 의미하는 것이다.

남명은 산해정의 공부하는 방을 '계명실繼明室'이라 하였다. 『주역』「이離」괘는 내외괘가 모두 불, 즉 밝음으로 이루어져 있다. 그래서 둘 다 밝다는 뜻의 '양명兩明'이란 이미지가 만들어진 것이다. 대인은 이를 통해 밝음을 이어받아[繼明] 사방에 비춘다고 이 괘의 상사象辭에서 설파하고 있다[象曰 明兩作離 大人以繼明 照于四方]. 그리고 『주역周易』전주傳注의 이 부분에서는 계명에 대해서 좀더 구체적 해설을 가하여, 순이 요의 밝음을 잇고 무왕이 문왕의 밝음을 잇는 것은 한 시대의 계명이요, 나날이 새로워져서 전현을 본받아 광명하게 되는 것은 한 개인의 계명이라 하였다[繼明者 舜之繼堯 武之繼文 一代之繼明也 日新又新 緝熙光明 一人之繼明也].

남명이 이처럼 산해정의 독서실 이름을 계명이라 한 것은 유학의 궁극적 목표인 성인에 이르고자 하는 강렬한 의지를 드러낸 것으로 이해된다.

3) 벗으로부터 『대학大學』과 『심경心經』을 받다

앞에서도 언급한 것처럼 남명은 위기지학으로 학문의 방향을 전환하고부터, 벗 동고東皐 이준경李浚慶(1499~1572)으로부터는 『심경』을 선물로 받고, 벗 규암圭菴 송인수宋麟壽(1499~1547)로부터는 『대학』을 선물로 받았다. 이 때 받은 『심경』의 의미를 남명은 「서이군원길소증심경후書李君原吉所贈心經後」에서 다음과 같이 언표하였다.

내가 처음 이 책을 받고는 두려워서 마치 산더미를 짊어진 듯하였다. … 마음은 죽고 육체만 걸어 다닌다면 금수가 아니고 무엇이겠는가? 그렇게 되면 내가 이군을 저버린 것이 아니라 바로 이 책을 저버린 것이며, 이 책을 저버린 것이 아니라 바로 내 마음을 저버린 것이다. 슬프기로는 마음이 죽는 것보다 더 중대한 일은 없다. 불사약을 구했으면 먹는 것이 시급하다. 이 책은 틀림없이 불사약이리라.

[予初得之 悚然惕然 如負丘山 … 心喪而肉行 非禽獸
而何 然則非負李君 卽負是書 非負是書 卽負吾心 哀莫大
於心死 求不死之藥 惟食爲急 是書者 其惟不死之藥乎]

　　남명이 31세 때인 1531년 10월에 기록한 글이다.
남명이 이『심경』을 받고 산더미를 짊어진 듯 두려워
한 것은,『심경』이 바로 마음을 수양하여 '시중時中'에
도달함을 목표로 하는 책이고, '시중時中'에 도달하는
것이 위기지학을 추구하는 유학자의 본분이면서도 한
편으로는 가장 도달하기 어려운 일이기 때문이다. 마
음은 죽고 육체만 걸어 다닌다는 것은, 사욕私慾과 사
심邪心을 스스로 억제하지 못한 채 살아가고 있는 것을
가리키는 말이다. 이것이 이른바 주시走尸, 즉 '걸어
다니는 시신'의 상태를 말한다.

　　마음이 죽은 상태에서 육체만 걸어 다니는 주시走
尸의 상황에 이르지 않기 위해 불사약을 찾았던 것이
고, 그 불사약을 구했으면 먹는 것이 무엇보다도 시급
하다고 하면서, 남명은『심경』을 바로 불사약이라고
단언하고 있다. 남명의 언어는 불교 또는 장주 같은 이
들이 자주 사용하는 비유가 일상화되어 있다.『심경』
을 불사약이라 하는 것도 이러한 맥락에서 사용된 것
이며, 주시의 상태를 넘어서기 위한 치열한 정신적 노
력이 후일「신명사도」에서 구체화되어 나타나게 되는

것이다.

남명은 이 『심경』과 함께 사서 가운데서 『대학』을 특히 중시하였다. 앞에서도 일부분을 인용한 바 있는 「서규암소중대학책의하」에는 다음과 같은 기록이 있어서 남명이 일생을 살면서 『심경』과 『대학』을 얼마나 중시하였던가를 짐작할 수 있다.

드디어 과거 공부에 싫증이 나서 포기하고, 학문에 전념하여 점점 근본을 향하여 나아가게 되었다. 이는 꼭 어린 나이에 부모를 잃고 어디로 가야할지 몰라 하다가, 하루 아침에 문득 사애로운 어머니의 얼굴을 뵙고 자기도 모르게 손을 흔들고 발을 구르며 춤을 추는 것 같았다. 나의 벗 원길은 이를 보고 기뻐하여 나에게 『심경』을 주었으며, 미수는 나에게 이 책을 주었다. 이 때를 당해서는 마치 저녁에 죽더라도 유감이 없을 듯하였다.

[遂厭科擧之學 亦復廢輟 專意學問 漸就本地家鄕人焉 政如弱喪而不知歸 一朝忽見慈母之顔 不知手足之蹈舞 友人原吉 見而喜之 以心經授焉 眉叟以是書與之 當此時 有若夕死而無憾焉者]

앞에서 인용한 바 있는 『성리대전』의 허형의 언급을 보고 남명이 위기지학으로 학문의 방향을 전환하면서 크게 깨달았던 바를 기록한 부분이다. 위기지학으로의 전환을 두고, 어릴 때 고아가 된 사람이 어느 날 문득 자애로운 어머니를 뵌 것 같아 자신도 모르게 수무족도手舞足蹈하게 되는 것과 같은 기분임을 토로한 것이다. 남명은 이 당시 자신의 심정을 공자의 "아침에 도를 들으면 저녁에 죽어도 괜찮다"는 표현을 떠올릴 정도로 크게 깨달았음이 틀림없다. 공자의 표현에 보이는 '들으면' 이란 표현은 단순히 귀로 듣는 것이 아니라 '깨달아 알게 된다' 는 의미에 다름 아니다. 그런데 남명은 이준경으로부터 『심경』을 받고 송인수로부터 『대학』을 받은 그 당시의 심경을 '저녁에 죽더라도 유감이 없을 듯하다' 고 한 것이다. 이는 공자의 언급 가운데 '도를 들으면' 이란 부분이 생략된 형태이므로, 결국 자신의 나아갈 길에 대해서 활연히 대오하였다는 의미인 것이다.

그리고 남명은 이 글의 마지막 부분에서 다시 다음과 같이 『심경』과 『대학』의 의미를 찾았다.

사람들은 대체로 곤궁함을 걱정하지만, 나에게 있어서는 곤궁함이 바로 통달함이 되었다. 여러 번 과거에 낙방하여, 곤궁함으로 인하여 형통해지기를 구하다가 가야 할 길을 찾게 되었고, 그 길을 가다가 본지풍광本地風光을 볼 수 있었고, 부형의 기침 소리를 들을 수 있었다. 굶주리다가 먹을 것을 얻고 근심하다가 즐거움을 얻게 되었으니, 나의 곤궁함을 세상 사람들의 통달함과 바꿀 수 있겠는가? 나는 바꾸지 않으리라.

[人多以困窮爲憫 於余則困是爲通 屢屈科第 因困求亨
而尋得路向這邊去 見得本地風光 聞得父兄謦咳 飢而食 憂
而樂 吾窮有可以換做世人之通乎 吾不換也]

남명은 앞에서 언급했던 것처럼 『성리대전』을 읽
다가 허형의 글을 접하고 위기지학에 전념해야겠다는
깨달음을 얻었던 것인데, 이 사실을 기록해 둘 곳을 찾
지 못하다가 『대학』의 책갑 아래에 기록하게 되었던
것이다. 그렇다면 『심경』과 『대학』이야말로 위기지학
을 위한 필독서임을 스스로 인식하고 있었다는 의미로
받아들일 수 있다. 『심경』과 『대학』을 직접 거론하지
않았지만, 『심경』과 『대학』이야말로 본지풍광을 볼 수
있게 하는 것이며, 굶주림과 근심 속에서 먹을 것과 즐
거움을 얻은 것과 동일한 것으로 생각하였던 것이다.

후일의 일이기는 하나 남명은 문인 정인홍에게
『대학』과 관련 있는 시를 한 편 준 적이 있다. 시 제목
은 「산해정에서 '대학팔조가大學八條歌'를 쓴 뒤 정인
홍鄭仁弘 군에게 줌[在山海亭 書大學八條歌後 贈鄭君仁弘]」
이다. 이 시를 서문과 함께 번역하면 다음과 같다.

병인년(서기 1566년) 가을에 선생께서 산해정에 계셨
다. 인홍이 가서 반달 동안 머무르면서 모셨다. 인홍이 돌
아가려고 하자 선생께서 손수 「격치성정가格致誠正歌」를
쓰시고 또한 그 뒤에 이 절구시 한편을 써서 주었다.

67

제3장 산해정山海亭 시대(31~48세)

일생의 기쁨과 즐거움 둘 다 번거롭고 원망스러우나,　　一生憂樂兩煩寃

전현이 이를 위해 깃발 세워둔 데 힘입을 수 있다네.　　賴有前賢爲竪幡

문득 글을 지으려 해도 학술 부족함이 부끄러우니,　　懲却著書無學術

억지로 마음 속 생각을 드러내어 긴말에 부치노라.　　强將襟抱寓長言

　이 글에 의하면 남명이「격치성정가」를 지었고 이
것을 달리「대학팔조가」라 한 것임을 알 수 있다. 격치
성정이란 대학팔조목 가운데 네 가지에 불과하지만,
「대학팔조가」란 제목을 참조하면 이는 팔조목 가운데
앞의 네 조목으로써 뒤의 '수제치평修齊治平'까지 포
괄하는,『대학』의 팔조목을 대표하는 이름으로 사용한
것임을 알 수 있다.

　1566년이면 남명의 나이 66세요, 정인홍의 나이는
31세다. 정인홍은 약관 때부터 당시까지 10여 년을 급
문하였던 문인으로 당시에 이미 명성이 있었다. 그런
그가 돌아가려 할 적에 지어서 적어준 것이 바로「대
학팔조가」라는 점에서 이는 예사로 볼 것이 아님이 틀
림없다. 그러나 지금 그 내용이 남아 전하지 않고 남명
의 겸손이 묻어나는 이 시만 남아 전한다. 그렇다 하더
라도 남명이『대학』의 팔조목이 지니는 의미에 대해
남달리 중시하고 있었음은 이로써 충분히 짐작할 수

있는 것이다.

더구나 이로부터 2년 뒤 남명이 새로 등극한 선조 임금에게 올린 「무진봉사」의 다음 표현은 『대학』과 『중용』을 뼈대로 한 유학의 핵심을 명쾌하게 드러낸 것이라 할 것이다.

> 백성을 잘 다스리는 도는 다른 데서 구할 것이 아니오라, 요점은 임금이 선을 밝히고 몸을 정성되게 하는 데 달려 있을 뿐입니다. 이른바 선을 밝힌다는 것은 이치를 궁구함을 이름이요, 몸을 정성되게 한다는 것은 몸을 닦는 것을 말합니다. … 그 이치를 궁구함은 장차 쓰려 함이요, 그 몸을 닦음은 장차 도를 행하려 함입니다.
>
> [爲治之道 不在他求 要在人主明善誠身而已 所謂明善者 窮理之謂也 誠身者 修身之謂也 … 窮其理 將以致用也 修其身 將以行道也]

유학에서 『대학』의 의미는 유학의 골격을 제시해 주고 있다는 데 있다. 그것은 곧 수기와 치인 및 이 두 가지 일에 대한 지어지선止於至善의 의미를 지닌 삼강령과, 수기와 치인의 구체적인 여덟 개의 조목인 팔조목이 그 핵심이다. 그런데 이 수기는 『중용』의 표현을 빌면 명선과 성신으로 설명되는데, 『중용』의 명선은 『대학』의 격물치지에 해당하고 『중용』의 성신은 『대학』의 성의정심에 해당한다. 이것은 지식의 추구와 그것의 실천에 다름 아니다. 이치를 궁구한다는 것은 바로 지식의 추구요, 몸을 닦는다는 것은 바로 그 지식을 자기 몸에 실천하는 것이다.

남명은 이처럼 어린 나이에 등극한 선조 임금에게 이치를 궁구함의 목적이 현실에서 실제로 쓰기 위함이라는 것과, 몸을 닦는 목적이 바로 도를 실행하기 위함이라는 것을 분명히 드러냄으로써 치도를 우선시하는 유학의 핵심을 명쾌하게 제시했던 것이다. 이러한 것들을 통해 남명이 위기지학에 전념하면서『심경』과『대학』을 특별히 중시했으며, 이것이 남명 자신의 위두 발문을 포함하는 몇몇 시문에서 뚜렷이 보인다는 것을 확인할 수 있다.

성운은 남명이 서울 생활을 청산하고 김해로 내려갈 적에 다음과 같은 시를 주었다.

명홍이 날개 세워 남쪽을 향해 날아가니,	冥鴻矯翼向南飛
때는 바로 가을바람에 나뭇잎이 질 때네.	正値秋風木落時
땅에 가득한 곡식을 계목이 쪼아 먹는데,	滿地稻粱鷄鶩啄
푸른 하늘 구름 밖에서 굶주림을 잊었네.	碧天雲外自忘飢

『대곡집』에 「건중槿仲에게 부침[寄槿仲]」이란 제하에 이 시가 실려 있다. 건중은 남명의 자字다. 조선시대에는 어른을 제외하고는 상대방을 자로 지칭하고 호칭하는 것이 상례였다. 그런데 이 시는 남명의『편

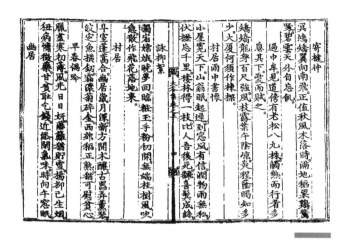

성운의 『대곡집』

년』에 실린 것과 몇 자의 출입이 있다. 기구 '교익향矯翼向'이 '독향해獨向海'로 되어 있고, 승구 '목락木落'이 '낙목落木'으로 되어 있고, 결구의 '기飢'가 '기機'로 되어 있다. 그리고 전구 '계목鷄鶩'은 『편년』의 표현이고 『대곡집』에는 '계경鷄鶊'으로 되어 있다. 필자는 여기서 모두 『대곡집』의 글을 취하고 '목鶩'한 글자는 『편년』의 것을 취했다. 이렇게 볼 때 내용이 가장 순조롭기 때문이다.

명홍은 남명을 가리키고, 낙엽 질 때는 바로 남명이 당시 서울 집을 처분하고 김해로 내려갈 때를 가리킨다. 땅에 가득 흩어진 벼와 기장을 닭과 오리들이 쪼아 먹고 있다는 말은 서울에는 명리를 추구하는 사람들이 가득함을 말하는 것이다. 푸른 하늘 구름 밖은 남명이 삶의 터전을 마련한 김해를 가리키며, 굶주림을 잊는다는 말은 명리에 관심을 끊었음을 말한다. 과거 시험을 통해 입신양명하려는 생각을 버리고, 위기지학에 전념하려는 남명의 마음을 성운은 굶주림을 잊었다는 말로 표현하였다. 곡식을 쪼아먹기에 여념이 없는 계목과 굶주림을 잊은 명홍의 극명한 대비가 매우 돋보이며, 이는 남명의 마음을 진실로 알아준 벗다운 표현이다.

4) 성우成遇와 두류산을 유람하다

『연보』에는 28세조 6월에 상복을 벗고, 가을에 성우와 두류산을 유람하고, 겨울에 선대부 묘갈을 찬술하였다고 기록되어 있다. 『편년』에는 두류산 유람과 「묘갈명」 찬술을 모두 이 해 가을의 일로 기록하고 있다. 「묘갈명」은 묘소 앞 비석에 "무자년(1528) 10월 모일에 아들 식이 찬술하다[戊子十月日子植撰]"라 되어 있으니 분명하여 더 말할 것이 없지만, 성우와의 두류산 유람 연도는 분명치 않다.

두류산 유람을 28세로 보는 이유는 남명 자신이 기록해 둔 「유두류록」의 다음과 같은 내용에 근거한 것으로 보인다.

두류산에는 크고 작은 절이 얼마나 많은지 모를 정도지만, 그 가운데 오직 신응사神凝寺의 수석水石이 가장 뛰어나다. 예전에 성 중려成仲慮와 함께 천왕봉에서부터 내려와 찾아본 적이 있는데, 거의 30년이 되었다. 그 뒤에 하중려河仲礪와 함께 여기 와서 한 여름을 지낸 적이 있는데, 또한 20년이 지난 일이다. 두 사람은 모두 죽었고 지금 나 홀로 여기에 오니, 일찍이 황하와 은하수 사이를 왕래한 사람처럼 멍하니 언제 뗏목 타고 왔었던지 모르겠다.

[頭流大小伽藍 不知其幾 獨神凝水石爲最 昔與成仲慮自上峯來尋 近三十載 後與河仲礪全夏來棲 又出二十載 二君皆已仙去 於今獨來 有若曾到河漢間 茫然不知何日泛査來也]

인용문의 중려仲慮는 성우成遇(1495~1546)의 자다. 남명이 이 글을 쓴 때가 1558년, 그의 나이 58세 때의 일이다. 그러니 "거의 30년이 되었다[近三十載]"는 「유두류록」의 기록에 근거하여 28세 때 성우와 두류산을 유람한 것으로 본 것이다. 이것은 『연보』나 『편년』을 서술하는 이로서는 그럴 수밖에 없는 기록 태도일 것이다.

그러나, 남명이 6월에 아버지의 상복을 벗었는데, 마치 기다렸다는 듯이 가을에 성우와 두류산을 유람했다는 것이 상큼하게 이해되지는 않는다. 이는 아마도 "거의 30년이 되었다[近三十載]"는 표현을 "꼭 30년이 되었다"로 보았기 때문이 아닌가 한다.

필자는 이 일을, 남명이 과거 공부를 그만두고 위기지학으로 학문의 방향을 바꾼 31세 무렵의 일로 보는 것이 순리라 생각된다. 31세 무렵에 두류산을 유람하였다면 58세 때는 28년 전의 일이므로 "거의 30년이 되었다"는 말에도 합치되고, 또한 과거 공부에 매달리던 상황을 떨쳐 버렸으므로 두류산 같은 명산을 둘러보면서 서로 의기를 북돋우기에 적합하였으리라 생각되기 때문이다.

성우는 성운의 형으로 남명과 절친했던 인물이다. 남명의 문집에는 성운의 맏형 성근成近에게 준 시도 있고, 중형 성우成遇에게 준 시도 있으나, 셋째인 대곡 성운成運과의 교제 흔적이 가장 많이 남아 있다. 젊은 시절에는 성우와 더 친하게 지냈던 것 같고, 성우가 을사사화로 죽은 뒤에는 대곡 성운과 아주 절친하였던 것으로 보인다. 이는 대곡 성운과 관련되는 남명의 시문이 대체로 50세 이후의 것으로 보이기 때문이다.

남명이 성우에게 준 다음의 오언고시五言古詩의 내용을 보더라도 서로의 교분이 매우 깊었음을 짐작케 한다(「증성중려贈成仲慮」).

시골의 꽃들은 저절로 피고지고,	村花自開落
교외의 여인은 청채를 노래하네.	郊女謠靑菜
밤이 다하도록 앉았다 일어나니,	竟夕坐且起
이런 뜻을 봄이 어찌 알겠는가?	此意春不解
오늘 아침에 제비는 돌아왔건만,	今朝燕子來
고인은 아직도 금릉 땅에 있다네.	故人金陵在

1구로 보아 남명은 시골에 있다. 2구의 청채는 『시경』의 '청청자아菁菁者莪'와 '채채부이采采芣苢'를 줄인 말이니, '교외의 여인[郊女]'이 한가롭게 청채青菜를 노래하며 나물 캐는 모습을 읊조린 것이다. 그러니 1구와 2구는 봄날 시골의 한가로운 모습이다.

3구와 4구의 밤이 다하도록 앉았다 일어나는 뜻을 봄이 알지 못한다고 하는 것은, 두 사람 사이의 몹시도 그리워하는 뜻을, 꽃도 저절로 피게 하고 여인을 들판으로 불러내게 하는 봄조차 이해하지 못하리라는 것이다. 봄이 되면 오려고 하였건만, 봄이 와 꽃도 피고 여인들이 들판에서 나물 캐며 노래하고 있는데도 님은 아직 오지 않음을 몹시 안타까워하는 모습이다.

5구의 오늘 아침 제비가 돌아왔다는 말은, 이 시의 창작 날짜가 삼월 삼짇 무렵임을 짐작케 하는 것이다. 강남 갔던 제비가 돌아오는 시점이 대개 그렇기 때문이다. 6구의 금릉은 초기 명나라의 서울이었던 강남 땅 남경이므로, 금릉 즉 서울에 거처하는 성우가 아직도 이곳에 오지 않았음을 언급하고 있는 것이다. 약속도 하지 않은 제비는 돌아왔는데, 약속한 그대는 어찌 아직도 오지 않느냐는 뜻이 비친다.

이 시의 창작 배경을 정확히 알 수 없지만, 두류산 유람과 관련되어 있다면 31세 이후의 첫 번째 맞이하는 봄, 즉 1532년 봄에 지었다고 볼 수 있다. 또한 남명의 시를 받고 서울에서 내려온 성우와의 두류산 유람도 이 해에 이루어진 것이 아닐까 하는 생각도 든다. 그래도 58세 때와 비교하면 27년 전의 일이니, '거의 30년' 되었다는 말과도 어긋나지 않기 때문이다.

또한 성우는 1532년 남명이 서울에서 가족을 모두 데리고 김해의 옛집으로 돌아갈 적에 『동국사략』을 주어서, 멀고 구석진 곳에서 옛일을 살펴보는 바탕이 되게 하였다. 「성우가 선물한 『동국사략』 끝에 씀[題成中慮所贈東國史略後]」이란 글을 보면, 남명이 성우를 범상한 벗으로 생각한 것이 아니었음을 알게 해주는 구절이 보인다.

중려는 청빈하기가 물과 같아서 일찍이 나와 단금지교를 맺었고 기와 조각처럼 합하지는 않았다. 나에게 반 푼어치 정도를 나누어주는 것도 장차 몸을 더럽히듯 생각하였는데, 백붕의 가치에 해당하는 것을 나에게 선물하니 예기치 못했던 일이다. 나는 이 책의 곳곳에 붉은 색과 검은 색으로 점을 찍어서 산해정에 비치해 두었다. 산림에서 조용히 지내면서 산새가 손님이 되고 쇠파리가 더불어 조문할 적에, 때때로 펼쳐보고 묵묵히 앉아 생각에 잠기기도 하여, 길이 상상의 나래를 펼침에 어찌 다함이 있겠는가?

[慮君貧淸如水 嘗斷我以金 而無瓦可合 分我半錢 若將浼焉 錫余百朋 非所意也 余用朱墨點抹 置之山海之墅 索居林下 山鳥爲客 蒼蠅與吊 時時披閱 黙坐馳懷 長想有旣耶]

남명의 삶과 그 자취

성우라는 인물은 을사사화 때 화를 입어 죽은 이후 역사 속에 묻혀버린 인물이다. 아들도 없는데다 워낙 자신을 고고하고 청빈하게 처신하였기 때문인 것이다. 남명과는 와합瓦合하는 관계가 아닌 단금斷金하는 관계였다는 언급이 그 점을 잘 드러내 준다.

『예기』「유행」편에 "어진 이를 등용하고 뭇사람을 포용하며 반듯함을 헐어 기와조각처럼 합하나니, 선비 가운데는 그 관용과 여유가 이와 같은 자가 있다[擧賢而容衆 毀方而瓦合 其寬裕如此者]"라는 구절이 있다. 『예기』에서는 와합이 관용과 여유를 가진 인물의 의미로 쓰였지만, 와합을 단금과 견주면 마음의 굳셈과 유약함의 측면에서 천양의 차이가 있다. 성우가 와합하는 선비였다면 을사사화 때 결코 화를 입지 않았을 것이다.

여하튼 그런 그가 남명에게 『동국사략』을 주었으니, 남명은 백붕의 가치에 해당하는 대단한 선물을 받았다고 생각한 것이다. 그리고 남명은 이 책을 읽으면서 역사 속 인물의 선악을 특히 중요하게 생각하여, 붉은 색과 검은 색을 이용하여 선인과 악인을 분명하게 표시해 두었다고 한다. 다음은 박인이 편찬한 수필본 『연보』에 실려 있는 내용이다.

삼가 살피건대 붉은 색과 검은 색으로 점을 찍어 사람의 선악을 분별했다고 한다. 순선은 붉은색이고 순악은 검은 색이며, 백중지흑은 외주내흑이고 흑중지백은 외흑내주로 처리함으로써 일목요연토록 해 두었다.

[謹按用朱墨點抹 分別人善惡 純善則以純朱 純惡則以純黑 白中之黑則外朱內黑 黑中之白則外黑內朱 一覽了然]

선인인 경우에는 붉은 점을 찍어두고 악인인 경우에는 검은 점을 찍어두며, 선인이면서 조금 악한 짓을 한 경우에는 붉은 원 안에 검은 점을 찍어두고, 악인이면서 조금 선한 일을 한 경우에는 검은 원 안에 붉은 점을 찍어둔다는 것이다. 역사를 읽으면서 그 사건의 의미를 역사의 흐름 속에서 찾는 것보다, 그 속에 나타나는 인물의 선악에 대해 특별히 관심을 가지고 있는 것이다. 오늘날의 관점에서 보면 참으로 재미있는 착상이라 할 것이다.

결국 여기서 우리는 남명이 성우와의 두류산 유람을 통해서도, 그에게서 받은 『동국사략』을 통해서도 선한 심성을 유지하려는 생각이 각별하였다는 사실을 알 수 있다. 그리고 이는 위기지학에 전심하게 되는 남명 학문의 성립 과정을 잘 보여주는 것이다. 공자의 이른바 '삼십이립三十而立'과 시간적으로나 내용적으로나 매우 흡사한 과정을 겪었다고 이를 수 있을 것이다.

5)「민암부民巖賦」저술

남명이 31세 이후 과거 시험에 큰 의미를 두지 않

고 위기지학에 전념하게 되었다고 하나, 이는 어디까지나 혼자만의 생각이고 모부인의 허락을 얻은 것은 아니었다. 『소학』의 이른바 '입신양명하여 부모를 드러내는 것이 효도의 마침이다[立身揚名 以顯父母 孝之終也]'라는 사고방식을 떨쳐버리기는 쉽지 않아, 모부인의 허락을 얻어 과거장에 나가지 않게 된 것은 37세 때인 정유년(1537) 식년시 때에 가서야 비로소 가능했던 일이다.

그러니 모부인의 뜻에 따라 과거 시험에 응시하여 33세 때인 계사년(1533)에 있었던 문과 초시인 향시에서는 2등으로 뽑혔으나, 그 다음해 있었던 문과 복시에서는 낙방하였다. 그런데 이 갑오년(1534) 문과 복시에서 '부'의 제목으로 「민암부」가 출제되었다. 그러므로 지금 남아 전하는 남명의 「민암부」 또한 이 때 과거 시험장에서 지은 글이 아닌가 생각된다.

성호 이익이 남명과 함께 우리 정신사에서의 두 봉우리로 일컬은 퇴계 이황은 이 갑오년의 문과에 급제하여 환로

「민암부」

에 오르게 된다. 묘하게도 퇴계의 문집에서는 이 제목의 글이 보이지 않는다. '민암民巖'이란 '백성이야말로 암초 같은 위험한 존재'라는 뜻이다. 나라를 다스리는 임금의 처지에서 보면 자신을 떠받드는 존재이면서 암초가 배를 엎듯 자신을 엎어버릴 수도 있는 존재가 백성이라는 것이다.

유월 어름 장마철에,	六月之交
말 모양의 염예퇴灩澦堆는	灩澦如馬
올라갈 수도 없고,	不可上也
내려갈 수도 없다.	不可下也
아아,	吁嘻哉
험함이 이보다 더한 데는 없으리니,	險莫過焉
배가 이로 인해 가기도 하고,	舟以是行
또한 이 때문에 엎어지기도 한다.	亦以是覆
백성이 물과 같다는 말은,	民猶水也
예로부터 있어 왔으니,	古有說也
백성은 임금을 받들기도 하지만,	民則戴君
백성은 나라를 엎어버리기도 한다.	民則覆國

염예퇴는 중국의 사천성을 흐르는 양자강의 구당협瞿塘峽 어구에 있는 거대한 바위인데 모양이 말처럼 생겼다. 이 바위 주변은 맹렬하게 소용돌이치는 물결 때문에 배가 지나가기가 매우 위험한 곳이다. 중국 공

산당 정부 수립 이후 선박 왕래에 장애가 된다고 해서 이 바위를 폭파해 버려서 이제는 볼 수 없지만, 이 바위에 새겨져 있는 '대아래對我來(나를 마주 보고 오라)'라는 글자를 마주하여 배가 나아가면 무사히 지나갈 수 있으나, 이 바위를 피하여 가려고 하면 급한 소용돌이에 말려 배가 전복된다고 한다.

『순자荀子』「왕제王制」편에 "임금은 배고 서민은 물이다. 물은 배를 띄우기도 하지만 배를 엎기도 한다[君者舟也 庶人者水也 水則載舟 水則覆舟]"는 구절이 있고, 『서경書經』「소고召誥」편에 보이는 "왕께서는 감히 덕을 쌓는 일을 가볍게 여기지 마시어, 백성의 암험함을 돌아보고 두려워하소서[王不敢後 用顧畏于民碞]"라 한 부분의 세주細註에, "소씨蘇氏가, '백성은 물과 같다. 물은 배를 떠받들 수도 있지만 또한 배를 엎을 수도 있다. 세상에는 백성보다 더 암험한 것은 없다[蘇氏曰 民猶水也 水能載舟 亦能覆舟 物無險於民者矣]'하였다"라는 구절이 있다.

남명은 민암의 '암'에 해당하는 바위를 양자강 구당협의 염예퇴에서 찾았다. '암'은 이처럼 바위라는 의미와 위험한 존재라는 의미를 아울러 갖고 있다. 그리고 소식蘇軾이 일찍이 백성을 물에 비유하여, 물이 배를 떠받들기도 하면서 엎을 수도 있다는 말을 기억해 내었다. 그러므로 이 「민암부」에서의 '민암'은 지배 계층의 사람들로 하여금 백성이 나라를 엎을 수도 있는 존재라는 생각을 되새기게 하는 의미가 들어 있다. 남명이 이처럼 '민암'을 소재로 한 「민암부」라는 작품을 내놓게 된 것은 물론 과거에서의 '시제試題'에 기인한 것이기는 하나, 후일 완성되는 그의 경의 사상과 결부시켜 생각해 보면 그렇게 단순하게 이해하고 말 것이 아님을 알 수 있다.

남명은 이 작품에서 백성이 암험하게 되는 원인을 여러 가지로 열거했지만, 암험의 여부는 왕을 정점으로 하는 지배 계층의 백성에 대한 애정의 심천深淺이 핵심이 된다는 말로 결론을 삼았다.

나로 말미암아 편안하기도 하고,	自我安之
나로 말미암아 위태롭기도 하니,	自我危爾
백성을 암험하다 말하지 말라!	莫曰民巖
백성은 암험하지 않느니라.	民不巖矣

물과 백성이 같은 점에 대해서는 앞에서 언급했지만, 물과 백성이 다른 점에 대해서는 말하지 않았다. 배가 물에게 잘 해주거나 못 해주는 일이 없음에도 가끔 물이 배를 뒤엎기도 한다. 그러나 백성은 왕이 잘 다스릴 경우엔 반드시 좋게 반응하고, 잘 다스리지 못할 경우에 가끔 암험한 존재로 돌변할 뿐이다. 결국 백성이 암험한 존재가 아니라, 왕을 정점으로 하는 지배 계층의 선치善治 여부, 즉 백성에 대한 애정의 심천이

때로는 백성을 암험케도 한다. 그러니 그 암험함의 발로 책임은 백성에게 있는 것이 아니라 오로지 치자인 왕에게 있음을 분명히 하였다. 치자인 왕과 대신들에 대한 자성을 촉구함이 준열하다.

6) 회재晦齋 이언적李彦迪(1491~1553)과의 인연

남명은 38세 되던 중종 33년(1538)에 헌릉獻陵 참봉에 제배되었다. 회재 이언적이 유일로 천거하였고 남명의 벗 이림李霖(1505~1546)도 또한 추천하였기 때문에 이러한 명령이 있게 된 것이라고 한다. 그러나 남명은 이 관직에 나아가지 않았다. 『중종실록』 경자년(1540) 7월 을사조에는 병조참지 이림과 대사성 이언적이 남명을 일사로 천거하였다는 기록이 보인다.

남명이 43세 되던 해에 회재는 경상도 관찰사에 재직하고 있었다. 이 때 회재는 편지를 보내어 남명을 만나보고자 하였다. 그러나 남명은 이 요청을 정중히 거절하였다. 『연보』의 이 부분 기록은 다음과 같다.

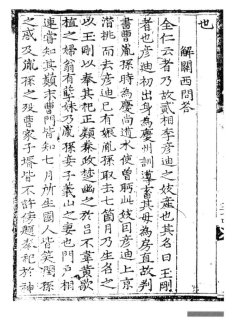

「해관서문답」

회재가 평소에 선생의 명망을 듣고 있다가 본도 감사가 되어 옴에 미쳐서 자주 편지를 보내 만나보기를 요구하였다. 선생이 사양하며 이르기를, "어찌 감사 앞에 현신하는 과거 시험 준비생이 있겠습니까? 홀로 생각건대 고인은 네 임금을 두루 섬기면서도 실제로 벼슬한 것은 46일 뿐이라고 합니다. 저는 상공이 벼슬을 그만두고 전리로 돌아가실 날이 머지않을 줄 알고 있으니, 마땅히 각건을 쓰고 안강리 댁으로 찾아본다 하더라도 늦지는 않을 것입니다" 하였다. 회재가 일찍이 사람들에게 이르기를, "조 아무개가 아직도 벼슬길에서 물러나지 않고 있는 나를 기롱한 것이니 부끄럽다" 하였다.

[晦齋素聞先生名 及爲本道監司來也 頻有書求見 先生辭之曰 寧有呈身擧子乎 獨念古人歷仕四朝 (立朝僅)四十六日 吾知相公解歸田里之日不久 當角巾相尋於安康里第 尙未晚也 晦齋嘗語人曰 曺某譏我尙不退休 慙負云云]

적어도 38세 무렵부터 회재는 남명의 명망을 들어 알고 벼슬길에 추천하였던 것이니 43세 때까지는 6년째가 된다. 조선시대의 천거는 피천자가 중대한 과실을 저질렀을 경우 추천자 또한 연좌되어 잘못 추천한 책임을 상당 부분 함께 져야 하기 때문에 천거를 예사로 생각할 수는 없다. 그러니 회재로서는 남명에 대한 천거가 참으로 진지했던 것이나, 남명은 출사에 뜻이 없었기 때문에 나아가지 않았던 것이다. 회재가 그 뒤

6년 만에 관찰사로 경상도에 와서 처사인 남명을 만나고자 하였으나 남명은 두 가지를 내세워 만나기를 거절하였다. 그 하나는 과거 시험 준비생이 경상도 지역 초시를 총괄하는 관찰사를 감히 만나볼 수 있겠느냐는 것이고, 또 하나는 회재가 곧 벼슬을 그만둘 것이니 그 때 만나도 늦지 않다는 것이다.

　그러나 남명은 31세 무렵에 이미 과거에 대한 뜻을 접었고 37세 때는 모부인에게까지 허락을 얻어 과거를 완전히 포기하고 있었던 형편이니, 43세 때 과거 시험 준비생이란 명분을 들어 만나지 못하겠다고 말한 것은 다분히 핑계에 지나지 않음을 알 수 있다. 그리고 주자를 흠모하는 회재가 네 임금에게 벼슬하면서 실제 벼슬한 기간은 46일에 불과했던 주자를 본받아 곧 관직생활을 그만두고 고향 안강리에 있을 터이고 그 때 만나더라도 늦지 않을 것이라 거절의 명분을 만들었던 것인데, 회재는 이를 두고 남명이 자신을 기롱한 것으로 인식하였던 것이다.

　한편 남명은 회재가 중종 10년(1515)에 경주 교수로 나가서 관기와의 사이에 얻은 아들 이전인李全仁(1516~1568)이, 당시에 조윤손曹潤孫(1468~1547)의 아들 노릇을 하고 있음을 알고 있었다는 점을 생각해 보면 두 사람의 만남은 쉽지 않았을 것이다. 남명이 조윤손 집안의 일에 대해 자세히 알게 된 것은 같은 조씨이기 때문이어서가 아니라, 남명의 처 서고모가 조윤손의 서자 조의석의 부인이었기 때문에 잘 알 수밖에 없었던 것이다. 남명이 이처럼 조윤손·이언적과 경주 관기 석씨 사이의 일을 누구보다 잘 알고 있었기 때문에 후일 회재가 유배지에서 외롭게 지내고 있을 적에 이전인으로 하여금 회재를 찾아가 모시게 설득하였던 것이다.

그러나 남명이 회재를 만나지 않으려는 보다 근본적인 의도는, 회재가 벼슬할 만한 시기가 아님에도 이미 높은 관직에 올라 있었기 때문일 것이다. 즉 회재의 출사는 남명이 그처럼 중시했던 출처관과 괴리가 있었다는 의미다. 이 점은 나중에 회재와 퇴계의 문묘종사가 결정되고 난 뒤에 남명의 문인 정인홍도 이른바 「회퇴변척」을 통해 비판을 가하게 되는 것과 같은 시각이다.

2. 중년에 맞은 슬픈 일들

1) 아들 차산次山의 요절

남명은 을사사화 때 친한 벗들을 여럿 잃었다. 그리고 그 해 겨울에는 어머니의 상을 당했다. 정신적 시련을 몰아서 겪은 듯하다. 그런데 사실 이 두 가지보다 더 크게 마음의 상처를 입힌 것은 을사사화 한 해 전에 있었던 아들 차산次山의 죽음일 것이다. 차산은 남평조씨와의 소생으로 1536년에 태어났으니 아홉 살에 요절한 것이다. 매우 똑똑하고 생각이 깊어서 남명이 크게 기대하여 사랑했다고 한다.

차산이 죽자 남명은 매우 마음 아파하며 다음과 같은 시를 남겼다.

아내도 없고 아들도 없으니 중과 비슷하고	靡室靡兒僧似我
뿌리도 없고 꼭지도 없으니 구름 비슷하네.	無根無蔕我如雲

이 시는 「아들을 잃고[喪子]」라는 제목의 앞 두 구절이다. 아들을 잃고 얼마나 마음이 아팠으면 멀쩡하게 살아 있는 아내를 없다고 표현하였을까? 어떤 이는 이를 지나친 표현이라 하겠지만, 부인 남평조씨(1500~1568)가 아들 차산을 잃을 당시의 나이가 45세니 출산이 불가능함을 두고 말한 것이라 보면 가능한 표현이다. 오히려 그만큼 안타까운 마음이 깊이 배어 있음을 느낄 수 있다. 이 무렵 김행金行에게 출가한 딸이 두 딸을 낳아 기르고 있는 중인데도 아들이 없어서 중과 같다고 한 것 역시 차산을 잃은 안타까움의 발로라 보아야 할 것이다.

『남명집』에는 보이지 않지만 수필본 『연보』에 소개된 다음과 같은 시도 있다.

해마다 길이 통곡하노니,   每年長慟哭

유월 열하루 이날이라네.   六月十一日

이 시는 절구인지 고시인지 율시인지 알 수 없다. 박인이 직접 써둔 『연보』에 이 부분만 보이기 때문이다. 후일 간행된 『연보』에는 '유시有詩'라고만 기록되어 있고, 『편년』에는 이 시의 존재 여부조차 기록해 두지 않았다. '유시'란 아마 「아들을 잃고」라는 제목의 시를 말하는 것이리라. 그러나 이 시도 1894년 이후에 간행된 『남명집』에서는 산삭되었다.

공자의 제자 자하子夏는 아들을 잃고 너무 슬퍼하다가 눈이 멀었다고 한다. 이를 두고 증자曾子가 자하를 비판한 글이 『예기禮記』 「단궁檀弓」편에 실려 있다.

자하가 아들을 잃은 뒤 시력을 잃었다. 증자가 조문하였다. "내 들으니 벗이 시력을 잃으면 큰 소리로 운다더라" 하며 증자가 큰 소리로 울었다. 자하 역시 큰 소리로 울면서, "하늘이시여, 저는 아무 잘못이 없습니다" 하였다. 증자가 성을 내며 말하였다. "상商아, 네가 어찌 잘못이 없는가? 내가 너와 함께 수수洙水와 사수泗水의 사이에서 선생님을 모셨다. 그러다가 네가 물러나 서하西河 가에서 노년을 보내고 있으면서, 서하의 백성들로 하여금 너를 우리 선생님인가 의심하게 하였으니 이것이 너의 첫째 잘못이다. 네 부모를 잃은 뒤 백성들로 하여금 알지 못하게 하였으니 둘째 잘못이고, 네 아들을 잃고 네 시력을 잃었으니 너의 셋째 잘못이다. 그런데 네가 어찌 잘못이 없다고 하느냐?" 자하가 지팡이를 던지고 절을 하며 이르기를, "내가 잘못했다! 내가 잘못했다! 내가 벗들을 떠나 외로이 지낸 지 너무 오래 되었도다!" 하였다.

[子夏喪其子 而喪其明 曾子弔之曰 吾聞之也 朋友喪明 則哭之 曾子哭 子夏亦哭曰 天乎 予之無罪也 曾子怒曰 商 女何無罪也 吾與女事夫子於洙泗之間 退而老於西河之上 使西河之民疑女於夫子 爾罪一也 喪爾親 使民未有聞焉 爾 罪二也 喪爾子 喪爾明 爾罪三也 而曰女何無罪與 子夏投 其杖而拜曰 吾過矣 吾過矣 吾離羣而索居亦已久矣]

『예기』에 실려 있는 이 글 때문에 조선시대의 선비들은 아들을 잃고도 지나치게 슬픈 표현을 하지 못했다. 그러나 이 글에서 증자는 자하에 대하여 부모의 상을 당했을 적에는 슬퍼서 큰 소리로 우는 소리를 이웃사람들이 들은 적이 없는데, 자식을 잃은 뒤 큰 소리로 울었다는 것을 비교하면서 비판한 것이다. 효를 누구보다 중시했던 증자의 처지에서는 자하의 행동이 못마땅하게 보였던 것이고, 그래서 비판했던 것이다. 그러나 조선시대의 선비들은 대체로 부모의 상을 당해서 지나칠 정도로 극진한 슬픔을 드러내었으니, 자식의 죽음에 대해서도 솔직하게 슬픔을 드러내어서 지나칠 것이 없다.

나중에는 산삭되어 없어지고 만 짧막한 시를 통해서 우리는 남명이 자식 잃은 슬픔을 솔직하게 드러내고 있음을 짐작할 수 있다. 그리고 남명의 이 시를 연보나 문집에 온전히 실어두지 않음으로써, 후인들로 하여금 남명의 당시 심경과 태도를 진정으로 이해하지 못 하게 한 것이 안타깝다 하겠다.

2) 내간內艱을 당함

남명은 아들 차산을 잃은 그 다음 해 겨울 11월에 어머니 인천이씨(1476~1545)의 상을 당했다. 이씨는 이국李菊의 딸이요, 최윤덕崔潤德의 외증손이다. 이씨는 친정으로부터 분급받은 재산도 적지 않았고 남편인 조언형이 문과에 급제하여 승문원 판교에 이르렀으나, 아들 남명이 서울 집을 정리하여 형제자매에게 나누어 주자 어쩔 수 없이 아들을 따라 김해의 며느리 친정에서 여생을 보낼 수밖에 없었다.

남명의 어머니 숙부인 이씨의 묘소는 병산재에서 산쪽 시멘트 포장도로로 150여 보쯤 올라가다가, 동쪽편으로 논을 건너 다시 100보 쯤 올라가면 좀 평평한 곳에 여러 기의 분묘가 보이는데, 인천이씨의 묘소는 이곳의 가장 북쪽에 위치하고 있다.

비액제는 조언형 묘소와 마찬가지로 전면 상부에 가로로 쓰여 있는데, '淑夫人李氏之墓' 라는 일곱 글자가 해서로 반듯하게 각자되어 있다. 묘비는 비수와 비신 및 좌대로 되어 있다. 비수는 두 마리의 용이 한 가운데의 여의주를 보호하고 있는 쌍룡양주雙龍養珠의 형상을 하고 있다. 용의 몸통은 서로 꼬여 있으며, 밑부분은 구름 무늬모양을 돋을새김하여 꼬리 부분이 보이지 않게 해 두었다. 비수의 뒷부분은 전체적으로 구름무늬만 새겨져 있다. 좌대는 길이 180㎝ 높이 60㎝의 자연석을 사용하여 좌우측에 각각 동서 방향으로 비휴貔貅 비슷한 짐승의 머리를 새겨 두었다. 비휴는 호랑이 같기도 하고 곰 같기도 하다는 맹수인데, 비貔가 숫놈이고 휴貅가 암놈이다. 서쪽을 보고 있는 왼쪽의 것이 오른쪽의 것보다 좀 크게 새겨져 있다.

남명의 어머니 인천이씨 묘소

석질은 사암으로 추정되며, 비신의 높이는 126cm, 넓이는 75cm, 두께는 18cm이며, 비수의 높이는 55cm, 넓이는 90cm이고, 좌대의 높이는 60cm, 길이는 180cm 다. 글씨는 전면에만 있는데, 모두 18행이며 매행 34자로 되어 있어 모두 547자의 해서로 쓰여 있다.

비문을 지은이는 규암圭菴 송인수宋麟壽(1499~1547)이며, 글씨를 쓴 이는 조언형 묘비를 쓴 강인서다. 비문을 지은 해는 가정 병오년(1546)이다. 이씨가 1545년 11월에 별세하였으므로, 이 비석은 아들인 남명이 상복을 벗은 1548년 2월 이후에 세워졌을 것으로 추정된다.

이 묘비의 글을 지은 규암 송인수는 우암尤菴 송시열宋時烈의 종증조부로, 을사사화의 여진이라 할 정미사화 때 사사당한 사류였다. 사헌부 대사헌을 역임했던 그가 자신보다 두 살 적은 46세의 백면서생 남명을 묘갈명의 곳곳에서 '선생先生'이라 호칭하고 있다. 그리고 남명이 성인聖人을 추구하는 학문, 즉 위기지학爲己之學에 전념하여 이처럼 대단한 인물이 된 것은 부모의 가르침 때문이었다며, 아버지와 함께 어머니 이씨의 훌륭함을 드러내고 있다.

선생이 세속의 영화를 벗어나 성인을 배우고자 하여 문득 과거 시험을 그만두고 경의의 학문에 힘을 쏟아, 굳게 잡고 안정을 얻어서 한 때의 추향에 따라 나아가 벼슬하지는 않았다. 이처럼 스스로 수양할 수 있었던 바탕을 따져보면 대체로 부모의 가르침 덕분인 것이다.

[先生脫然欲學聖人 便罷試擧 用力敬義 堅把得定 不以
一時趨向 爲進退 究其自修之地 蓋父母之敎然也]

규암 송인수는 남명이 세속적 영화를 추구하려는
생각에서 훌쩍 벗어나 '경의'의 학문으로 성인이 되려
고 일로매진하였던 점을 높이 평가하였고, 그러한 바
탕은 모두 부모의 가르침 덕분이었음을 이처럼 밝히
고 있는 것이다.

이 비석도 형태가 특이하다. 비수를 두 마리의 용
이 여의주를 보호하는 형태로 만들되, 여의주가 비수
크기에 비해 상대적으로 커 보이며 두 마리 용의 입으
로부터 여의주에 이르기까지가 파여 있어서 여의주가
상대적으로 매우 돋보이게 표현되어 있다. 이는 마치
조언형 묘갈의 비수와 흡사하지만, 전면 밑부분과 후
면에 구름무늬를 많이 사용하여 용틀임한 부분이나
꼬리 부분이 잘 보이지 않음으로써 훨씬 얌전해 보인
다. 이 역시 남명이 자신의 마음을 수양하면서 제시했
던 "용이 여의주를 보살피듯 항상 마음에서 잊지 않아
야 한다[如龍養珠心不忘]"는 구절을 형상화한 것처럼 보
인다.

3) 을사사화로 인한 벗들과의 사별

유자는 벼슬할 만하면 나아가 벼슬하고 그렇지 않

으면 물러나 은거하는 것이 공자 이래의 출처 방법이
고, 남명은 이 출처를 대장부의 가장 중요한 절개라고
생각하였다. 을사사화 같은 일이 있을 적에 공자와 같
이 명철보신하는 유자는 그런 상황을 만나지 않는다.
그러나 어쩌다 이런 상황을 만났을 경우, 진정한 유자
라면 당당한 태도로 화에 임할 수밖에 없는 것이다.

　남명은 이와 같은 상황을 아예 만나지 않게 처신하
였다. 대곡大谷 성운成運은 남명의 묘갈명에서 남명의
은거에 대하여 다음과 같이 언급하고 있다.

　　공은 지혜가 밝고 식견이 고명하여 진퇴의 기미를 잘
　살폈다. 일찍이 세도가 쇠퇴해지고 인심이 이미 그릇되었
　으며 풍속이 야박해지고 큰 가르침이 폐해져 해이해졌음
　을 스스로 알고 있었다. 하물며 현자의 길이 기구하며 재
　앙의 기미가 몰래 드러났음에랴! 이때를 당하여 비록 만
　회挽回와 도화陶化에 뜻을 두었다 하더라도, 도가 때를 만
　나지 못하여 끝내 자신이 배운 바를 반드시 실행할 수는
　없었다. 이 때문에 과거 시험에 나아가지도 않았으며 벼
　슬하기를 구하지도 아니하고, 회포를 거두어 산야에 물러
　나 지냈던 것이다.

　　[公智明識高 審於進退之幾 嘗自見世道衰喪 人心已訛
　風漓俗薄 大敎廢弛 又況賢路崎嶇 禍機潛發 當是時 雖有
　志於挽回陶化 然道不遇時 終未必行吾所學 是故不就試不
　求仕 卷懷退居山野]

대곡은 여기서 남명이 을사사화 같은 재앙을 만나지 않은 것은 지혜와 식견이 뛰어나 그러한 시대의 흐름을 미리 명확하게 파악하고 있을 정도로 명철하였음을 드러내고 있다. '현자의 길이 기구하며 재앙의 기미가 몰래 드러났다'는 표현이 바로 그의 명철함을 인정하는 말이다. 그러나 '만회와 도화에 뜻을 두었다 하더라도'라는 말을 퇴거하였다는 표현 앞에 둔 것은, 남명의 퇴거가 『중용』의 이른바 '속세를 떠나 은둔하여 세상에 아무도 알아주는 이 없어도 조금도 서운해하지 않는[遯世不見知而無悶]' 진정한 유자로서의 퇴처退處였음을 드러낸 것이다.

제대로 퇴처하지 못하여 을사사화 같은 대혼란의 시기에 환로에 있었던 사람이라면 당당한 태도로 그 재앙에 임할 수밖에 없었으니, 남명의 벗 성우·송인수·곽순·이림 등이 바로 그런 인물들이다.

(1) 성우成遇(1495~1546)

성우는 앞에서 언급했듯이 남명이 서울 생활을 할 적에 매우 가까이 지내던 벗이었다. 앞에서는 그가 남명이 김해로 내려갈 적에 『동국사략』을 선물로 주었던 것에 대해서 언급하였다. 그는 을사사화가 발발한 명종 원년(1545)에는 벼슬이 참봉에 불과하였음에도 묘하게 재앙에 걸려들었다.

을사사화는 명종이 즉위한 후 명종을 등에 업고 명

종의 어머니 문정왕후와 명종의 외삼촌 윤원형이 이기·정순붕·임백령 등과 합세하여, 인종의 외삼촌 윤임 일파를 제거하는 과정에서 사사로운 원한까지 풀게 되어 재앙이 사림까지 비화된 사건이다. 이처럼 왕위 계승을 둘러싸고 척신이 중심이 되어 일으킨 정치적 사건이라 보는 것이 을사사화의 시작이요 외면이라 할 수 있다. 윤임 일파가 유약한 인종을 후원하는 세력으로 사림을 중용하였기 때문에 명종이 즉위한 뒤 윤원형 일파가 윤임 일파는 물론 그 당시 중용되었던 사림도 치게 됨으로써, 무오사화와 갑자사화·기묘사화를 이어서 다시 사림이 엄청난 참화를 겪는 사태에 이르게 되었다는 것이 을사사화의 구극이요 그 내면이라 할 수 있다.

을사사화의 시작은 윤임·유관·유인숙을 사사한 데서 시작되었다. 윤임은 외척으로 권세를 부렸으므로 사림이 그를 구원하려고는 하지 않았다. 그러나 인종의 지우를 입고 있던 좌의정 유관 및 이조판서 유인숙을 윤임과 함께 역모로 몰아서 사사하자 사림이 이를 부당하게 생각하였기 때문에 재앙이 사림에까지 비화한 것이다.

성우는 벼슬이 참봉에 불과하였지만 자신의 소신을 조금도 굽히지 않는 강직한 인물이었다. 성우는 유관을 역모로 몰아 죽인 사태에 대해서 몹시 바람직하지 않게 생각하고 있던 중, 진복창과 함께 시사에 대해

이야기하면서 유관을 처벌한 데 대하여 비난하였다. 진복창이 이 사실을 윤원형 일파에게 알림으로써, 민심을 동요시켰다는 죄목으로 의금부에서 추국당하다가 죽고 말았다.

다음은 당시에 윤원형이 어전에서 성우를 추국하기를 주청한 글이다.

성우는 감히 딴 마음을 품고 삿되게 입을 놀려 역적逆賊을 구원하고 원훈元勳을 비방하였으며, 여러 사람의 귀를 혼란케 하고 인심을 동요시켰으니 지극히 흉참합니다. 속히 잡아다가 끝까지 추국하소서.

[遇乃敢中懷異心 鼓動邪喙 申救逆賊 誹毀元勳 變亂群聽 動搖人心 至爲兇慘 請速拿來 窮極推鞫(『明宗實錄』元年 8月 己丑)]

삿되게 입을 놀려 역적을 구원했다는 말은 좌의정 유관이 역모를 도모했을 리가 없다고 말한 것을 두고 한 말이다. 원훈을 비방하였다는 말은 이덕응·진복창 및 이기·정순붕·임백령 등을 비방하였다는 것이다. 사람의 귀를 혼란시키고 인심을 동요시켰다는 것은 유관과 유인숙을 사사한 것은 잘못된 일이라 떠들었다는 것이다. 이 요청을 즉시 받아들여 과연 잘못을 시인할 때까지 추국을 진행하였다. 추국을 요청한 것이 8월 기축일(5일)이었는데 그 달 을미일(11일)에 추국

을 당하다가 옥사하였다. 추국을 요청한 지 6일 만에
일곱 차례의 형신을 받아 그로 인해 죽었다.

　『논어』「헌문」편에 "나라에 도가 있을 때는 말도
꼿꼿하게 하고 행동도 꼿꼿하게 하지만, 나라에 도가
없을 때는 행동은 꼿꼿하게 하고 말은 조심스러워야
한다[邦有道 危言危行 邦無道 危行言孫]"는 말이 있는데, 성
우가 당시의 나라 상황을 잘못 판단하고 말을 꼿꼿하
게 하였기 때문에 아무런 사특한 일을 한 적이 없음에
도 장하杖下에 죽고 말았던 것이다.

　『남명집』에는 남명이 성우에게 준[贈成中慮] 7언절
구 두 수가 전한다. 다음은 그 한 수다.

석 줄로 된 편지는 삼 년 만에 본 얼굴,	三行信字三年面
찬찬히 살펴보니 마음이 심히 안타깝네.	細細看來細斷神
살거나 죽거나 다 그만일 수 있지만,	生活死休俱可已
두 집 다 춥고 배고프니 우린 무언가?	兩家寒餒兩何人

　이 시에 대한 아무런 배경 설명이 전하지 않으니
언제 무슨 연유로 보낸 것인지 정확히 알 수는 없다.
그러나 '석 줄로 된 편지'라는 말로 볼 적에 아주 짧은
편지인 것을 알 수 있고 그래서 혹 다급할 때 쓰지 않
았을까 생각되기도 한다. '삼 년 만에 본 얼굴'이란 그
만큼 반갑다는 뜻이다. 승구의 뜻은, 그런데 그 내용을
찬찬히 살펴보니 정신을 끊게 할[細斷神] 정도로 마음이

몹시 안타까웠다는 것이다. 혹시 '석 줄로 된 편지'는 명종 원년 8월 5일 무렵 의금부에 투옥되면서 급히 몇 자 쓴 편지일까? 그렇다면 '생활生活'은 자기의 형편을 가리키는 말이고 '사휴死休'는 성우가 곧 만날 미래를 말하는 것일 수 있다. 부질없는 추측일까? 이 추측이 맞다면 성우는 이 시를 받아보지도 못하고 죽었을 것이니, 얼마나 안타까운가!

『남명집』의 행록에는 김우옹이 기록해 둔 다음과 같은 내용이 실려 있다.

성 참봉, 곽 시간과의 교제노 누터웠다. 두 사람이 을사년에 죽자, 매양 그들을 생각할 적에는 눈물을 흘리지 않은 적이 없었다. 남들에게 그 일에 관해 이야기할 때면 반드시 오열하여 목이 메었으며, 죽을 때까지 이를 잊지 않았다.

을사사화 때 억울하게 죽은 벗 성우와 곽순 두 사람을 들어 언급하고 있지만, 남명과 가까웠던 벗으로는 이밖에도 이림·송인수 같은 인물도 있고, 이들에 대해서도 죽을 때까지 잊지 않고 생각하였을 것이다. 남명은 누구보다도 출처를 중시하였던 것이고, 을사사화 같은 경우가 출처의 중요성을 가장 분명하게 인식시켜준 재앙 가운데 하나였다. 그러니 남명은 살아갈수록 출처에 더욱 엄정할 수밖에 없었던 것이다.

(2) 송인수宋麟壽(1499~1547)

송인수는 본관이 은진이고 그 자는 미수眉叟, 호는 규암圭菴이다. 그 형이 송귀수宋龜壽(1497~1538)고, 우암 尤庵 송시열宋時烈(1607~1694)이 바로 송귀수의 증손이다. 남명과 친했던 동주東洲 성제원成悌元(1506~1559)은 그의 매부다. 송시열이 후일 남명의 신도비명을 지은 것 또한 그 종증조부와 남명과의 친분이 그 중요한 배경이다.

1521년 문과에 급제하여 성리학자로 조정에 이름을 얻었으나 김안로를 탄핵한 것으로 인해 그의 미움을 받아 1534년에 제주목사로 좌천되었다. 병을 핑계로 부임하지 않자 김안로 일당에게 다시 탄핵을 당하여 사천으로 유배되었다. 이 때 사천 선비 구암龜巖 이정李楨(1512~1571)이 그 문하에서 학업을 익혔다. 이정이 남명·퇴계와 가까이 지내면서 학문으로 크게 이름을 얻게 된 것 또한 송인수의 교도에 영향을 입은 것이 적지 않았다.

1537년 김안로 일당이 몰락하자 유배에서 풀려나 이듬해 예조참의가 되고 성균관 대사성을 겸임하였다. 이어서 승정원 동부승지와 예조참판을 거쳐 사헌부 대사헌이 되었는데, 윤원형尹元衡·이기李芑 등의 미움을 받아 1543년 전라도관찰사로 좌천되었다.

인종이 즉위하자 동지사로서 명나라에 다녀와 다

시 대사헌이 되어 윤원형을 탄핵하였다. 명종 즉위년
(1545)에 을사사화가 일어남에 한성부 좌윤으로 있던
중 탄핵을 받고 파직당하여 청주에 은거하여 있다가,
1547년 양재역 벽서 사건에 연루되어 사사賜死되었다.

송인수는 남명의 요청으로 그 모부인 인천이씨의
묘갈명을 지어 주었다. 이때는 청주로 물러나 있을 때
였다. 이 글에 대해서는 앞에서 언급한 바 있다. 남명
이 삼년상을 마치고 송인수에게 글을 받으려고 하였
다면, 그 전에 양재역 벽서 사건으로 사사당하므로 그
의 글을 받기는 불가능하였을 것이다. 남명이 무슨 생
각으로 삼년상을 마치기도 전에 송인수에게 묘갈명을
부탁했는지 알 수가 없을 정도다.

양재역 벽서 사건이란 정언각이 양재역 벽에 주서
로 써붙여진 괴문서를 발견하여 고변함으로써 일어난
사림의 재앙으로 을사사화의 여진이라 이를 만하다.
을사사화가 일어났을 때 윤원형 일파는 사림에 대하
여 피해를 최소화하는 데서 마무리하려고 하였으나,
사림 내부의 불만이 갈수록 커가자 근본적으로 잠재
울 대책을 마련한 것이 양재역 벽서 사건이었고, 이것
이 을사사화의 피해에 버금가므로 역사에서는 이를
정미사화라고도 한다.

이 때 봉성군 완과 송인수·이약빙이 즉시 사사당
했고, 이언적·노수신·정황·유희춘·김난상·권응
정·권응창·임형수·안경우·권벌·송희규·백인

걸 · 이진 등 29인은 모두 유배당했다. 봉성군 완을 중심으로 불궤를 도모했다는 이유이나, 사실은 윤원형 일파를 지지하지 않았기 때문이다. 즉 정치적 반대파에 대한 탄압이 사사賜死로까지 이어짐으로써 송인수는 죽을 수밖에 없는 운명에 처한 것이다. 남명이 벼슬할 만한 때가 아니라고 판단했던 것도 대개 이러한 시대적 흐름 때문이었다.

(3) 곽순郭珣(1502~1545)

곽순의 본관은 현풍이고 청도淸道 대평촌大坪村에서 세거하였다. 아버지가 영천김씨와 혼인하여 영천 창수리蒼水里에서 태어났다. 자는 백유伯瑜, 호는 옥경재玉警齋 또는 경재警齋다. 중종 무자년(1528)에 문과에 급제하여 을사년(1545) 정월에 사간이 되었다가 6월에 세상 일이 잘못 되어가는 것을 보고 벼슬을 버리고 고향 청도로 내려갔다. 7월에 인종의 승하 소식을 듣고 상경하였는데, 곧 관작을 삭탈당하고 9월 12일에 잡혀 들어가 형신을 받다가 9월 15일에 옥중에서 죽었다.

곽순은 인종이 병이 깊을 적에 이휘李煇 등과 함께 시사에 대해 의견을 주고받다가, 인종이 후사가 없으니 중종의 여러 왕자 가운데 어진 이를 택해서 세우면 무슨 시비를 정할 것이 있겠느냐는 견해를 말한 적이 있었다. 이 말을 두고 윤원형 일파는 곽순 등이 명종을 지지하지 않고 봉성군鳳城君 완岏을 지지한 것이라 몰아서 죽이게 된 것이다.

『명종실록』 9월 15일 조의 곽순 졸기에 "곽순의 성품은 평탄·솔직하고 위의가 없었으나 남의 과실을 말함에 있어서는 꺼리지 않고 바로 지적하였다[珣性坦率 無威儀 言人過失 直斥不諱]"는 사신의 평이 보인다. 곽순은 바르게 살려는 인물이었으나 어지러운 세상에 나아가 벼슬하다 보니 옥사하는 운명을 만나게 된 것이다.

『연려실기술』에는 벼슬을 그만두고 시골로 내려가면서 성수침成守琛(1493~1564)과 작별하려고 청송당聽松堂을 찾아 갔던 이야기가 실려 있다. 성수침이 집에 없어 그 벽에 시 한 편을 붙여두고 왔는데, 그 첫구가 다음과 같다.

은근히 잘 있구나, 두 그루 소나무여 　　　　殷懃好在兩柱松
늦겨울 풍상에도 그 모양 변함없네. 　　　　歲晚風霜不改容

이는 대체로 외부로부터의 어려움에도 변하지 않는 소나무의 지조를 성수침에게 비유한 것이겠지만, 또한 자신에게도 그러함이 있기에 성수침에게서 그것을 보고 시에서 먼저 드러내어 칭송한 것으로 보인다.

소재蘇齋 노수신盧守愼(1515~1590)은 을사년 정월 곽순이 사간원의 사간에 제수될 때 정언에 제수되어 같이 근무하였던 인물로, 선조 때 곽순의 관작이 회복된 뒤 그 아들 곽회근郭懷瑾의 요청으로 묘갈명을 지었다. 거기에는 곽순의 영구가 고향으로 돌아갈 때 송인수·이윤경·이준경·정원·이약해·심봉원·이홍간·정숙 등이 조문하고 충주에서부터는 이연경이 운구를 맡고 성수침은 신주를 만들어 주었다고 기록되어 있다. 죄인으로 장살된 사람에 대하여 이처럼 목숨을 걸고 조문하는 이가 많았다는 것으로도 그의 삶이 의미 있었음을 알 수 있다.

노수신은 곽순의 묘갈명에서 남명이 제자들에게 하였다는 다음 말을 인용한 뒤 "곽순은 곧기가 화살 같았다[郭伯瑜其直如矢]"는 이연경의 말도 실어두었다.

> 조 남명이 제자들에게 다음과 같이 말하였다. "곽 아무개는 관작을 사랑하지 않고, 현자를 좋아하며 선행을 즐겼다. 만약 때를 만났더라면 반드시 나라를 위해 큰일을 해낼 것이고, 그저 공밥만 먹지는 않았을 것이 분명하다"
>
> [曹南冥詔諸生曰 郭某不愛官爵 好賢樂善 使遇可爲之時 必能爲國做事 其不素餐明矣]

남명이 평소에 제자들에게 벗 곽순의 인품과 역량을 인정하며 대장부의 출처에 대해 논급하는 과정에서 나온 말인 듯하다. 때를 만나지 못해 역량을 펼쳐보지도 못한 채 억울하게 비명을 맞은 것 또한 벼슬하지 말아야 할 때 벼슬길에 나갔기 때문에 만난 것이었다.

(4) 이림李霖(1505~1546)

남명의 벗 이림의 자는 중망仲望, 본관은 함안咸安이고 그 선대는 함안 안인安仁에 살다가 조부 이계통李季通(1439~1491) 이래로 서울에서 계속 벼슬살이를 하였던 가문의 후손이다. 그는 20세 때(1524) 문과에 급제할 정도로 총명함이 발군하였다. 남명과의 만남에 대해 자세히 전하는 것은 없으나, 남명이 젊은 시절 서울 생활을 하는 동안에 서로 알게 되었을 것이다. 『중종실록』에 의하면 이림이 1538년과 1539년에 김해부사로 있었던 것이 확인된다. 그러니 이 시기에는 아마도 서로 자주 만났을 것이다.

남명의 「언행총록」에는 이림에 대한 남명의 다음과 같은 언급이 실려 있다.

나의 벗 이 중망은 입으로 일찍이 남을 욕하거나 급하게 내뱉는 말을 한 적이 없고, 마음으로는 일찍이 남을 거스르거나 해치려는 생각조차 해본 적이 없다. 옛것을 탐하고 벗을 좋아하여 그를 바라보기만 하여도 성나는 마음이 사라지고 풀어지니, 그가 진실하고 미더운 사람임을 알 수 있다.

[吾友李君仲望 口未嘗有詬詈疾遽之言 心未嘗有忤逆忮害之萌 貪於古而悅乎朋 望之者恚消忿釋 知其爲忠信人也]

남명의 이림에 대한 이런 평가는 아마도 그가 비명에 죽은 이후 그의 죽음을 안타까워하면서 사람들에게 한 말로 보인다. 이림은 이처럼 총명하면서도 차분하고 진실한 사람인데, 을사년 명종 즉위 초에 문정왕후와 관련되는 짧은 말 한 마디로 재앙을 받았던 것이다. 을사사화가 일어났을 때 이림은 41세였고, 명종 즉위 초에 그는 병조참지로 있으면서 문정왕후가 섭정을 하는 것이 바람직하지 않고 어리지만 명종이 친정을 해야 한다는 생각을 가졌는데 이로 인해 의주로 귀양갔다가 다음 해에 사사당하였다.

박인朴絪의 수필본 및 간행본의 남명『연보』에는 공히 갑진년(1544) 조에 남명이 벗 이림으로부터 받은 『심경』에 글을 쓴 것으로 기록되어 있다. 이것이『남명집』에 실린 이른바「이림이 선물한『심경』뒤에 써둠[題李君所贈心經後]」이라는 글이다. 그러나 이 글만으로는 이 책을 받은 연대와 글을 쓴 연대를 정확히 알 수 없다. 다만 이 글 내용 가운데 "나를 못난 사람이라 하여 버리지 않고『심경』한 권을 부쳐주니, 남이 착하게 되도록 도와주려는 뜻을 어찌 이루 다 헤아릴 수 있겠는가?[不以余無似而棄之 以心經一篇寄之 與人爲善之義 庸可量哉]"라는 말이 있는 것으로 보아, 늦어도 1545년 을사사화로 유배가기 이전에 이림으로부터 이 책을 받았던 것은 틀림없을 것이다. 그러나 이 글을 쓴 시기는 다음의 내용으로 보아 이림의 사후로 보아야 할 것이다.

안타깝도다! 중망은 후사가 없어서 학문에 독실하고 실행에 지극정성이었던 모습을 '갱장羹墻의 사이'에서 기억해 줄 사람이 없으며, 나도 아들을 잃어서 벗끼리 서로 학업을 도와주던 의리를 책으로 남겨줄 수 없게 되었으니!

[惜乎 仲望無嗣 篤學拳拳之像 無以記之於羹墻間 余亦喪兒 麗澤相益之義 無以遺之於黃卷中]

이 책을 이림으로부터 받은 시기에 대해서 대개 두 가지로 추측해 볼 수 있다. 서울 생활을 하다가 김해로 거처를 옮길 무렵 규암 송인수, 동고 이준경 등에게서 『대학』과 『심경』을 받은 시기와 비슷한 때 받았을 것이란 추측이 그 하나다. 또 을사사화가 일어나서 귀양 갈 처지가 되었을 때 인편으로 부쳐 주어서 받았을 것이란 추측이 그 하나다. 그러나 사정을 정확히 모르면서 추측하는 것은 별반 의미가 없다.

그래도 이 글을 쓴 시기가 이림이 죽은 이후라고 짐작할 수 있는 것은 상기 인용문에 '갱장羹墻의 사이에서'라는 표현이 있기 때문이다. 갱장이란 사람을 우러러 사모한다는 뜻으로 쓰이는 말이다. 요堯가 죽은 뒤에 순舜이 3년을 우러러 사모하였는데, 앉으면 담장에서 요를 보고 식사할 적에는 국 속에서 요를 보았다는 데서 나온 말이다. 이 표현은 살아 있는 사람에게는

飢而食憂而樂吾竅有可以搜做世人之通乎吾矛
也但恐脚力痿退有不能勇往力赴焉已善反之
其都在是書吾友以是易之與人為善之意吳嘗斷
金耶若力之緩猛則在吾而已當不以黃卷視之可
也嘉靖壬辰南冥曺植識
題李君所贈心經後
吾友李君霖仲望仁恂人也其為內也氷蘗其為外
世玉色口未嘗有訛言疾遽之言心未嘗有忤逆歧
害之萌貪於古而怕乎明望之者慧消忿釋知其為
忠信人也斯人誰能一一致察流自涵養中然乎蓋

『제이군소증심경후』

쓰지 않는다. 『함안이씨족보』의 이림李霖 항에는 "명종 을축년(1565)에 신원이 되어 관작을 회복하였다. 남명이 전傳을 지었다[明宗乙丑伸寬復官爵南冥曺植作傳]"는 기록이 있다.

『남명집』에 이림의 전은 보이지 않으니, 아마도 이 기록[題李君所贈心經後]을 두고 전이라 한 것이 아닌가 한다. 이 글의 첫머리에 이림의 훌륭한 인품을 묘사한 부분이 있기 때문에 보기에 따라서는 이를 이림의 전이라 했을 법도 하다. 여하튼 남명의 이 기록은 이래저래 이림이 죽은 뒤에 쓴 것으로 보아야 할 것이다.

남명은 이 글의 서두에서 이림의 훌륭한 인품을 언급하고 뒷부분에서 이 책의 의미를 다음과 같이 밝히고 있다.

이 책은 바로 한낮 저자 거리의 평천관平天冠과 같은 것이다. 평천관은 사람들이 사지 않을 뿐만 아니라, 혹 이를 머리 위에 써 보기라도 하면 참람하다는 죄목으로 주살된다. 이 때문에 사람들이 이 책을 싫어하여, 평천관 정도로 보는 데서 그치지 않고 자신을 죽이는 도구로까지 보고 있다.

[是書也 正似白晝大市中平天冠也 非但無人買之 或加 諸頭上 則以僭誅矣 用是人惡此書 視之爲殺身之具 不啻平 天冠也]

남명이 이 책을 평천관과 같다고 했으니, 평천관을 머리 위에 써 본다는 것은 이 책의 의미를 실천했다는 뜻에 다름 아니다. 그리고 평천관을 머리 위에 쓰면 참람 죄로 주살된다고 했으니, 그렇다면 남명은 이림이 이 책의 내용을 실천하다가 을사사화를 당한 것으로 본 것이 아니겠는가! 그러기에 남명은 특히 을사사화를 주도했던 인물에 대해 매우 부정적인 생각을 가졌던 것이고, 그러한 심기가 명종 을묘년(1555)에 단성현감을 사직하면서 올린 「을묘사직소」에 극렬하게 현실을 비판하고 문정왕후와 명종을 비하하는 듯한 발언으로 나타나게 되었던 것이다.

다음 글은 남명이 평소에 이림을 얼마나 생각하고 있었던가 하는 점을 이해하게 한다.

을축년(1565) 8월 16일 꿈에 대사간 이 중망李仲望을 나무 아래서 만났다. 정겨운 이야기가 다 끝나기도 전에 이군이 일어나 가버렸다. 내가 그의 소매를 잡고 절구 시를 읊어 주고서 작별했다. 꿈에서 깨어 더욱 괴로운 마음으로 지난 일을 회상하였다. 지금 다행히 하 공을 만나니, 어제 꿈에 이 군을 만난 것은 바로 오늘 하 공을 만날 징조였던 것이다. 이 군의 정령이 아직 없어지지 않은 것에 대해 눈물을 흘리며 탄식하였다.

하 공은 곧 대사간의 외손자고, 나의 생질서甥姪壻다. 나를 좋아해 항상 제 스스로 찾아왔고, 나도 이 군과의 연고와 혼인 관계의 정의 때문에 마음이 무척 끌렸다. 그리하여 꿈에 한 말을 적어 그에게 주고, 또 꿈속에서 이 군에게 주었던 시를 보인다.

[乙丑仲秋旣望 余夢見李大諫仲望於樹下 情話未畢 李君起去 余攬其袖 卽吟短絶以贈別 覺來益苦追感 今幸見河公 昨之夢遇李君 乃今見河公之兆也 尤用泣歎精靈之未泯也 河公卽大諫之外孫 而余之姪女夫也 愛我 常自來訪 余亦以李君之故 又重姻恩之義 心事頗極繾綣 因述夢中所辭識與之 又示夢贈之詩]

나무 아래서 그대와 이별하니,	樹下與君別
이내 회포가 누구와 같겠는가?	此懷誰似之
속을 태우고 아직도 죽지 않아,	燼心猶未死
단지 반쪽 껍질만 남아 있다네.	只有半邊皮

이 글은 남명의 생질서 하천서河天瑞에게 꿈속에서의 일을 기록하여 준 것[記夢贈河君 幷小序]이다. 하천서는 이공량李公亮(1500~1565)에게 시집간 남명 누나의 사

위다. 그리고 이림의 사위 하춘년河椿年의 아들이다. 꿈에 이림을 만나 절구시로 아쉬운 작별을 하고 난 뒤, 현실에서 그 외손자 하천서를 만나 꿈에서의 일을 기록하고 또 그 시를 보인다는 것이다. 그러니 이 시는 꿈속에 이림에게 주었던 시라는 말이다. 이림이 1546년에 죽었으니 1565년이면 그 사이에 20년 세월이 흘러갔건만, 남명이 꿈속에서 이림과 대화를 나눈 뒤 그에게 주었던 시까지 기억할 정도라면, 이로써 남명이 그만큼 그와 친분이 두터웠으며 또 그만큼 평소에 그의 죽음을 안타깝게 생각하고 있었음을 알 수 있다.

3. 산해정 시대에 만났던 인물

1) 벗

(1) 삼족당三足堂 김대유金大有(1479~1552)

김대유의 자는 천우天祐, 호가 삼족당이며, 본관은 김해金海로 탁영濯纓 김일손金馹孫(1464~1498)의 조카다. 청도에 거주하였으며 남명과는 나이가 22세나 차이나지만 서로 망년우忘年友가 되어 매우 깊이 교제하였다. 그리하여 남명이 일찍이 그를 '천하사天下士'로 인정하였다. 다음은 남명이 김대유에게 준 「기삼족당寄三足堂」 시다.

세사는 풍운과 함께 변하고,　　　　事與風雲變

강물은 세월과 함께 흐른다.　　　　江同歲月流

고금 영웅의 마음 속 뜻을,　　　　英雄今古意

온통 한 척 빈 배에 부친다.　　　　都付一虛舟

　　남명이 김대유에게 부쳐준 시가 여러 편이지만, 이
시에는 김대유의 영웅적 면모가 부각되어 있어서 더
욱 의미가 있다. 풍운이란 영웅호걸들이 세상에 두각
을 나타낼 수 있는 좋은 기운이요 기회다. 기구의 세상
일이 풍운과 함께 변화한다는 말은, 당시의 시운이 영
웅호걸이 활동할 시기가 아님을 말한 것이고, 승구는

삼족대

그럼에도 불구하고 세월은 언제나처럼 물 흐르듯 흘러가고 있음을 표현한 것이다. 전구에서 영웅을 들고 나온 것은 김대유가 영웅의 기상을 갖고 있기에 한 말이거니와, 지금은 그런 기상을 갖고 있는 사람도 마음을 비우고 조용히 시골에 퇴처하여 지낼 수밖에 없음을 결구에서 드러내고 있다.

(2) 완귀玩龜 안증安嶒(1494~1553)

안증의 자는 사겸士謙, 호가 완귀이며, 본관은 광주廣州로 문과에 급제하여 사간을 역임한 청백리 태만苔巒 인구安覯(1458~1522)의 아들이다. 밀양 금포리金浦里 출신으로 1540년 생원에 입격한 뒤 추천으로 사환하여 형조좌랑에 이르렀으나, 을사사화의 조짐을 보고 영천 도동道洞 호계虎溪 가에 완귀정玩龜亭을 지어 도구지소菟裘之所로 삼았다. 그러다가 1548년에 문과에 급제하여 관직이 사서司書에 이르렀다. 밀양에서 영천으로 거처를 옮긴 것은 경상도 도사都事를 역임한 최숙강崔叔强의 딸과 혼인한 것이 계기인 듯하다.

남명과의 교제가 어떻게 시작된 것인지는 잘 알 수 없으나, 지금 『남명집』에 「완귀정에 씀[題玩龜亭]」이란 시가 있어 서로의 교제를 짐작할 수 있다. 다음이 그 시다.

대책 더디 올림을 대궐에서 어찌 혐의하랴?	金馬何嫌上策遲
이 강에 주인 없음도 역시 마땅하지 않다네.	此江無主亦非宜
거북을 완상함은 바로 양육함을 보는 일이요,	玩龜自是觀頤事
음주할 때가 득의의 때임을 바야흐로 알겠네.	飮酒方知得意時
동쪽 들은 강가 그윽한 곳까지 뻗어있고,	東畔野延河畔邃
북쪽 산은 햇살 비추는 곳까지 달려가네.	北邊山走日邊馳
졸졸 흐르는 한 줄기 시내가 강물에 엉기니,	潺湲一帶凝江水
만 길 운문산의 기이함에 미치지 못하겠나?	不及雲門萬丈奇

이 시는 1540년 이후 안증이 영천에 완귀정을 지은 뒤로부터 1548년 문과에 급제하기 이전에 지어진 것이다. 수련의 앞 구절에서 이것을 알 수 있다. 대책을 더디 올린다는 것은 과거 합격을 빨리 하지 않음을 말하는 것이고, 대궐에서 어찌 그것을 혐의하겠느냐는 것은 응시자가 많으므로 조정에서는 굳이 안증이 과거에 응시하지 않음을 혐의하지 않을 것이란 뜻이다. 수련의 뒤 구절에서 남명은 이 호계 곁 완귀정에 주인이 없으면 곤란하다는 뜻을 드러냄으로써 아예 벼슬 길에 나가지 말기를 종용하고 있는 듯하다.

함련에서는 거북을 완상한다는 의미의 완귀야말로 바로 양육養育함을 보는 일이고, 이런 곳에서 음주할 때야말로 득의의 때란 말을 함으로써, 이곳에서 고명사의顧名思義하며 살아가는 것이 가장 뜻 깊은 일임을 말하고 있다. 경련의 들과 산은 완귀정의 동쪽과 북쪽

완귀정

의 경치를 읊은 것이고, 미련에서는 남쪽으로 운문산
이 있지만 완귀정 주변의 올망졸망한 아름다움은 만
장 운문산의 기이함에 못 미칠 것 없다는 인정으로 끝
을 맺었다.

안증은 남명보다 일곱 살 연상이다. 겨우 벗할 수
있는 나이다. 안증의 5대조 안국주安國柱는 함안의 안
인에 살았고, 아버지는 밀양에 살았으며 자신은 영천
에 살고 있었다. 아마도 이 시를 지을 무렵 남명은 김
해에서 밀양에 살던 신계성을 만나고 운문산 밑에 있
는 김대유와 어울려 노닐고 영천으로 안증을 찾았을

지 모른다.

안중이 55세 때인 1548년에 문과에 급제하여 벼슬
길에 나갔을 때 남명이 그를 어떻게 생각했을지 궁금
하다. 나중에 아계鵝溪 이산해李山海(1539~1609)가 선위
사가 되어 지나다가 이곳에 들러 남명의 시를 보고,
"인간 세상에서 다투어 봉황음을 읊조리니, 글자 한
자가 만금의 가치 있음을 이로써 알겠네[人間爭誦鳳凰吟
一字從知重萬金]"라고 읊었다. 이는 완귀정에 걸린 남명
의 시가 바로 봉황음이고, 남명이 봉황에 해당하는 인
물이어서 한 자의 가치가 만금이나 된다고 극찬한 것
이다.

(3) 신재愼齋 주세붕周世鵬(1495~1554)

주세붕의 자는 경유景游, 호가 신재다. 본관은 상주
尙州며, 합천 천곡리泉谷里 출신이다. 7세 때에 아버지
를 따라 칠원 무릉리武陵里로 이거하였다. 28세 때인
1522년에 문과에 급제하였고, 1530년에 고향에 내려
와 있으면서 산해정으로 찾아가 남명을 만났다. 주세
붕의 연보에는 이 때 『심경』과 『대학』・『중용』 등을
함께 강론하였다고 한다.

이 때의 시인지는 알 수 없지만 『무릉잡고』 별집 2
권에 「산해정에서 조 건중에게 줌[山海亭贈曹楗仲]」이라
는 제목의 시가 실려 있고, 『남명집』에는 「산해정에서
주 경유의 시에 차운함[在山海亭 次周景游韻]」이라는 시

가 있는데 운자가 서로 같다. 그런데 남명의 차운시에 '풍기 고을 원님'이란 표현이 보인다. 주세붕은 1551년에 풍기 군수로 부임했다. 그러므로 이 시는 1551년 이후의 작품으로 보아야 할 것이다.

이외에 『남명집』에는 「경유의 시에 차운하여 승려의 시축에 씀[次景游韻題僧軸]」이란 제목의 다음과 같은 칠언절구가 있다. 그 아래 시는 주세붕의 시로 『무릉잡고』 2권에 「승려에게 줌[贈僧]」이란 제목이 붙어 있다.

백운산 승려를 신응사에서 만났다니,	白雲山衲神凝見
시축에서 헌납의 시를 보고 알았네.	篇面開來獻納詩
아침 해가 내를 따라 골짝을 나오니,	朝日更從川出谷
묵은 구름 어디서 가는 스님 재울지?	宿雲何處宿歸師

홍류동 안에서 처음 만났는데,	紅流洞裏初相見
쌍운당 안에서 문득 시를 비네.	雙韻堂中便乞詩
벽소령 높아서 골짝에 구름 가득하니,	碧嶺揷空雲滿壑
스님 가진 것을 다시 스님에게 드리오.	以師所有還贈師

남명의 시에 보이는 헌납은 주세붕을 가리키는 말이다. 그가 사간원 헌납을 한 것은 1530년 4월의 일이다. 『무릉잡고』는 창작연대 순으로 배치되어 있는데, 이 작품이 기축년(1529) 강원도 도사 때 지어진 작품들 뒤에 보인다. 그러므로 대체로 이 시들은 1530년 무렵

에 지어진 것으로 볼 수 있는 것이다. 벽소령 아래 신응사가 있다. 쌍운당은 신응사의 당호 가운데 하나일 것이다.

이 두 시를 합쳐서 보면 사정이 이러함을 알 수 있다. 즉, 주세붕이 백운산의 승려를 홍류동에서 처음 보고 난 뒤 벽소령 아래 신응사 쌍운당에서 다시 만났다. 거기서 그 승려가 시축에 시를 지어주기를 요구하였다. 그래서 벽소령 아래 신응사 골짝에 가득한 구름은 원래 스님 것이니 그것을 스님이 가져가라고 주세붕은 말한 것이다. 그런데 그 승려가 남명에게 시축을 보이며 시를 요구하였다. 남명이 그 시축을 보니 자신에게 다녀간 적이 있는 주세붕의 시가 있었다. 그 시를 보고 주세붕이 이 승려를 신응사에서 만났음을 알았고, 그 골짝 구름을 다 가져가란 말을 하였음을 알았다. 남명은 그 시를 떠올리고는 아침 해가 내를 따라 골짝을 나오니 자연 구름이 다 흩어질 것인데, 그렇다면 그 묵은 구름이 어디서 가는 스님을 재워줄 것인가를 물은 것이다.

주세붕은 그 승려에게 구름을 소유하며 사는 강산 주인이 되라고 하였고, 남명은 해가 나와서 구름을 흩어버렸으니 몸 하나 붙일 데도 없게 된 그 승려의 처지를 걱정하는 것으로 시를 엮었다. 남명은 주세붕의 강산 주인이 되라는 것을 자신에게 한 말로 인식하고, 주세붕이 이미 벼슬길에 나갔으니 어디서 숨어 강산 주인이 되겠느냐고 물은 것이다. 남명이 사환에 급급한 주세붕을 간접적으로 힐난한 것이 아닌가 생각된다.

(4) 대곡大谷 성운成運(1497~1579)과 보은報恩의 벗들

성운의 자는 건숙健叔, 호는 대곡大谷 또는 종곡鍾谷 이며, 본관은 창녕이다. 남명은 그의 중형 성우成遇 및 백형 성근成近과도 친밀하게 교제하였고, 삼종형인 청송聽松 성수침成守琛과는 특별히 존경하며 교제하였다. 그러나 성씨 집안의 이들은 물론 남명의 벗들 가운데 가장 오랜 기간 돈독하게 교제한 이로는 성운 밖에 들 수 없을 것이다.

남명과 성운이 주고받은 시와 서간은 벗들과의 증답 시문 가운데서 그 분량이 가장 많다. 다음은 「이름 없는 꽃[無名花]」이란 제목의 시로 남명이 성운에게 부쳐준 것이다.

한 해의 변화를 많이도 주관했건만,	一年消息管多時
이름과 향기가 묻혀 세상이 몰라주네.	名與香埋世不知
이름과 향기는 다 자신의 누가 되니,	摠是名香爲己累
낙양에서 일찍이 몇이나 돌아왔던고?	洛陽曾得幾人歸

남명은 성운과 의기가 투합했다. 환로에 나가지 않아야 할 때를 알아서 굳은 마음으로 퇴처하였다는 데서 특히 그러하다. 기구에서 이름 없는 꽃이 한 해의

변화를 주도한다고 말한 것은 벼슬하지 않은 채 시골에 퇴처해 있으면서 묵묵하게 사람의 도리를 실천해 나가는 이들이 결국에는 세상의 변화를 주도한다고 한 것이다. 승구에서는 그럼에도 불구하고 세상에서는 그러한 존재를 알아주지 않는다고 말하고 있다. 그러나 남명은 알아주지 않음에 대해 서운한 마음이 없고 오히려 다행이라 생각하고 있다. 그래서 전구에서 이름과 향기가 오히려 자신에게는 누가 되는 것이라 한 것이다. 이름과 향기를 알아주면 그 순간부터 바로 꺾이게 되는 운명을 만나게 됨을 말하려고 한 것이다. 결구에서는 사람들은 명예와 이익을 좇느라 서울을 벗어나 고향에서 유유하게 퇴처할 줄 모른다고 탄식하고 있다. 이 사이에 두 사람의 교감은 아마도 융융하였으리라.

보은에는 성운 이외에도 남명이 친하게 지내던 벗이 여럿 있다. 성운의 처남 김천부金天富(1498~1584) · 김천우金天宇(1505~1548)와 성운의 문인으로 알려진 계당溪堂 최흥림崔興霖(1506~1581) 및 보은 현감으로 왔던 동주東洲 성제원成悌元(1506~1559) 등이 그들이다.

성운이 살던 곳은 보은읍에서 속리산으로 가는 길로 접어들어 얼마 가지 않는 곳에 위치한 종곡이란 곳이다. 이곳에는 성운의 묘소가 있고, 성운을 모시고 향사를 지내는 상현사가 있다. 상현사 있는 마을이 바로 성운의 처남 김천부와 김천우 등이 살았던 곳이다. 이 마을의 안쪽에 저수지가 있고 저수지 안쪽에는 모현 암慕賢庵이란 암자가 있다. 이곳이 대원군이 훼철하기 이전에 있었던 상현서원 자리라고 한다. 보은 유림이 조선시대 내내 성운을 향사하던 곳이다.

계당 최흥림이 살던 곳은 보은읍 남쪽이고 금적산의 북쪽이다. 이 마을은 화순최씨 동족 마을인데, 이 마을 뒤로 농로를 따라 올라 가면 작은 개울가 그윽한 곳에 금적정사가 있다. 1997년 여름에 가 보았는데, 당시에도 이미 어느 정도 허물어진 상태에 현판 몇 개만 달려 있고 일년에 한 차례의 유회도 없었던 것처럼 보았다. 지금은 어떤 모습을 하고 있을지 궁금하다.

(5) 송계松溪 신계성申季誠(1499~1562)

신계성은 자가 계함季誠, 호가 석계石溪다. 본관은 평산이며 밀양에 거주하였다. 신계성이 살았던 곳은 밀양시 삽포리鈒浦里다. 이곳은 점필재 김종직과 함께 박한주·신계성 등이 향사되고 있는 예림서원의 입구다. 이 마을에서 신계성은 당시에 석계정사石溪精舍를 지어놓고 공부에 전심하였다. 살아서는 자신을 석계라 하였으나 죽은 뒤 학자들이 송계 선생이라 하였다. 이 마을에는 신계성의 여표비가 서 있고 이 비석이 경상남도 문화재로 지정되어 있다.

김뉴金紐(1527~1580)가 찬술한 신계성의 행장에는 다음과 같은 내용이 기록되어 있다.

일찍이 말씀하시기를, "명교 가운데 저절로 즐거운 세상이 있다. 고량진미가 아니라도 배부르며 비단이 아니라도 아름다우며 종고가 아니라도 즐겁다. 성현이 어찌 나를 속이겠는가?"

[嘗曰 名教中自有樂地 非膏粱而飽 非文繡而美 非鍾鼓而樂 聖賢豈欺我哉]

명교는 명분에 맞게 살라는 공자의 가르침을 말한다. 신계성은, 공자의 학문을 실천하면 부귀영화를 얻지 못해도 늘 즐거운 세상이 있다는 확신을 가지고 있었다는 말이다. 그러면서 그는 늘 자신을 다그쳐 지경持敬의 자세로 살아갔음을 김뉴는 다음과 같이 언급하고 있다.

간단한 병풍 두 폭을 만드셨다. 하나는 '경이직내 의이방외敬以直內義以方外(경으로써 마음을 곧게 하고 의로써 일을 반듯하게 처리한다)' 라는 글이고, 하나는 '간기배 불획기신 행기정 불견기인艮其背不獲其身行其庭不見其人(그 등에서 그침에 그 몸을 얻지 못하니, 그 뜰을 거닐어도 그 사람을 보지 못한다)' 라는 글이다. 평소에 늘 펼쳐 두다가 손님이 이르면 걷어 치웠다.

「作素屛二幅 一書敬以直內義以方外 一書艮其背不獲其身行其庭不見其人 展之燕居 客至則卷去」

신계성이 만들어 평소에 펼쳐두고 본 두 폭의 병풍은 자신의 일생을 지탱하게 했던 것이고 자신의 일생을 극명하게 보여주기도 하는 구절들이다. '경이직내 의이방외'는 자신의 내면 수양과 외부의 일 처리를 '경·의'를 바탕으로 하겠다는 것이다. 남명이 패검에 '내명자경 외단자의內明者敬外斷者義'라 새겨 두고 항상 스스로를 돌아보았다는 것과 근본적으로 같은 것이다.

'간기배 불획기신 행기정 불견기인'은 자신이 살고 있는 시대는 퇴처하지 않을 수 없는 상황이고, 그런 상황에 대처하는 방법으로『주역』「간괘艮卦」의 괘사卦辭를 끌어와서 자신의 마음에게 늘 그렇게 하도록 강요한 것이다. 간괘의 '간'은 그친다는 의미로, 여기서는 머물러야 할 때 머문다는 의미를 갖고 있다. 자신의 몸에서 일어나는 일조차 앞뒤에서 서로 모르게 할 정도이니 뜰을 거닐더라도 그 사람을 보지 못한다는 것이다. 이 정도로 사환하지 않고 퇴처할 생각을 확고하게 가지고 있었다는 것이다.

이 두 가지는 모두 남명과 완전히 같은 생각이다. 아마 젊은 시절 자주 만나 서로의 견해를 주고받았기에 이처럼 두 사람의 행동이 마치 한 사람의 행동을 말한 것처럼 여겨지는 것이 아닌가 한다.『남명집』에 남아 있는 신계성에게 준 편지는 내용으로 보아 대체로 만년의 것으로 보인다. 1562년 신계성이 죽자 남명은 그 아들의 요청으로 묘갈명을 지었다. 그 명에서 남명은 "마음속은 엄숙하고 정성스러웠으며, 외모는 차가운 듯 지조가 있었네[齊莊於內 氷蘗其外]"라 하여 그 수양 정도를 매우 높이 평가하였다. 이는 바로 평소에 펼쳐 두고 보았던 병풍 내용의 실천 결과였던 것이다.

(6) 청향당清香堂 이원李源(1501~1568)

이원의 자는 군호君浩, 호가 청향당이다. 본관은 합천이며 단성 배양리培養里에 거주하였다. 같은 마을에 살던 이원의 족질 이광우李光友나 이천경李天慶 등이 남명의 문인이 된 것도 두 사람의 친분과 무관하지 않았을 것이다.

『편년』에는 30세 조에 성운成運(1497~1579) · 신계성申季誠(1499~1562) · 이원李源(1501~1568) · 이희안李希顔(1504~1559) 등이 모여 여러 날 동안 강론하였다는 기록이 있고, 이때의 상황을 두고 사람들이 "덕성이 모였다[德星聚]"는 말을 했다는 기록이 함께 있다. 그러나 『남명집』을 비롯한 다른 믿을 만한 자료에서 이와 관련된 구체적 상황을 알 수 있는 자료는 보이지 않는다. 이원의 『청향당실기』에는 1529년 4월이라 하고 이희안의 『황강실기』에는 1530년 4월이라 하였지만, 이 두 책이 『편년』의 기록을 참고한 것으로 보이므로 이 사실을 좀 더 확실하게 증빙할 만한 자료라 할 수는 없다. 그러니 어느 해 어느 달에 어디서 모였던가 하는 점은 분명히 밝히기 어려우나 이 정도만으로도 남명의 산해정 시대에 이들이 만났고, 당사자나 주위 사람들 모두 그 만남을 의미 있게 생각하였다는 것은 짐작할 수 있다.

　남명이 이원과 만난 것은 『편년』의 자료로 봐서 젊은 시절부터였음을 알 수 있으나, 젊은 시절의 구체적 기록은 없고 『남명집』에 남은 시들은 만년에 서로 주고받은 것이다. 그 대표적인 것이 「청향당팔영淸香堂八詠」인데 이 시 또한 언제 지은 것인지 알지 못한다. 다만 다음 시는 청향당의 요구에 의해 남명이 '청향당의 시에 화답함和淸香堂詩'이란 제목으로 지은 시이고, 또 이 시 한 수와 이원의 시 세 수에 대하여 퇴계가 차운한 네 수의 시가 남아 있어서 더욱 뜻 깊은 것이다.

네 가지 같아 새로 안 사람과 달라서,	四同應不在新知
일찍이 나를 종자기에 건준 적 있었네.	擬我曾於鍾子期
칠언시 오언시가 만금의 가치 있건만,	七字五言金直萬
주변 사람은 그저 한 편 시로만 보네.	傍人看作一篇詩

　『퇴계집』 속집 2권에 「남명 조 건중 군과 청향당 이 군호 군은 나와 함께 모두 신유년에 태어났다. 근래에 이 군이 조 남명이 지은 절구 한 수와 자신이 지은 절구 세 수를 부쳐 주었다. 그 말 가운데 노회에 대해 깊이 느낀 점이 있다. 차운해서 이 군에게 부쳐 겸하여 남명에게도 보인다[南冥曹君楗仲 淸香李君君浩與余 皆生於

辛酉 近李君寄示南冥一絶幷其詩三絶 其言深有感於老懷 次韻 寄李君 兼示南冥云」라는 긴 제목의 시가 있다. 이로 보아 이시는 이원의 시에 차운하여 화답한 것이 아니고 요구에 의해 지은 시인 듯하다. 『남명집』 병오본에 이 시가 '무제'로 되어 있음도 이처럼 까닭이 있었던 것이다.

　남명은 이 시에서 네 가지 같은 점을 언급하였는데, 『청향당실기』에는 이를 '나이가 같고, 도가 같고, 마음이 같고, 덕이 같음[同年同道同心同德]'이라 하였다. 이것만으로도 서로가 매우 친밀한 관계였음을 알 수 있는데, 거기다 백아의 거문고 연주 솜씨를 참으로 잘 알아주어 지음이란 고사가 이루어지게 한 종자기를 자신에게 견주었음을 언급한 것은 두 사람의 친분이 남달랐음을 충분히 알 수 있게 한다.

(7) 황강黃江 이희안李希顔(1504~1559)

　이희안의 자는 우옹愚翁, 호가 황강이다. 본관은 합천이고 초계草溪 성산리城山里 황강 가에 황강정黃江亭을 지어두고 강학하며 은거하였다. 이희안은 그 어머니가 최윤덕의 증손녀여서 남명과 함께 최윤덕 외계外系의 현손이 된다. 그래서이기도 하겠지만 기질이나 역량 면에서 서로 인정해 주는 벗이 되었다.

　남명 문인 백곡 진극경이 남긴 남명 행록에는 송계 신계성의 말이라며 다음과 같이 몇몇 인물의 기상을 기록해 둔 것이 있다.

삼족당은 우뚝하고 탁 트여 조금도 구애받지 않는 기
상이 있고, 남명은 눈 오는 날씨에 싸늘한 달 같은 기상이
있고, 황강은 일을 처리해 내는 큰 솜씨가 있다.

[三足有軒豁不拘底氣宇 南冥有雪天寒月底氣像 黃江
有設施底大手]

남명은 신계성·이희안과 나이도 비슷하고 학문적
취향도 비슷하여 특별히 친하게 지냈다. 그래서 동계
정온은 신계성의 외손 조응인의 묘갈명에서, 세상 사
람들이 이 세 분을 영남의 고상한 선비라 하여 '영중
삼고嶺中三高'라 일컬었던 점을 주목하여 드러내고자
했던 것이다.
　남명은 「황강의 정자에 씀[題黃江亭舍]」이란 시를 남
겼으니 다음의 시가 그것이다.

길가의 풀은 이름 없이 죽어가고,	路草無名死
산의 구름은 제 맘대로 일어나네.	山雲恣意生
강은 끝 없는 한을 흘려보내지만	江流無限恨
결코 돌과는 다투지를 않는다네.	不與石頭爭

남명이 기구와 승구에서 언급한 '길가의 풀'과 '산
의 구름'이 재미있는 대비다. 하나는 죽는다고 하였고
하나는 산다[일어난다]고 하였다. 그러나 둘 다 무상하기
는 마찬가지다. 전구의 '끝없는 한'은 황강의 내부에

황강정

존재하는 세상에 대한 여러 가지 불만을 가리키는지도 모른다. 결구에서 강물이 결코 돌과 부딪쳐 돌을 깨고 나가려 하지 않고, 부드럽게 감아 흘러간다는 사실을 언급한 것은 황강의 삶의 태도를 강물의 흐름에 비기면서 끝맺음을 한 것이다.

이희안이 일을 처리해 내는 큰 솜씨가 있음은, 남명의 「유두류록」의 첫머리에서 그가 노비를 추쇄하는 어린 양반의 청을 들어 구사를 동원해 그 노비를 금방 잡아준 일에서도 남명이 인정한 바 있다.

(8) 박흔朴忻

다음은 「숙안에게 부침[寄叔安]」이란 시다. 숙안은 남명의 벗 박흔朴忻의 자다. 박흔은 정인홍의 문인 박건갑朴乾甲(1558~1619)의 종조부다. 박흔의 아버지 박생화朴生華가 노촌老村 이약동李約東(1416~1493)의 손녀서가 되어 삼가 토동에 살았고, 그 형 박유朴愉는 삼괴당三槐堂 권시민權時敏(1464~1523)의 사위가 되어 이미 남명보다 먼저 토동에 자리잡고 있었으니, 박흔은 남명의 어릴 적 동무였을지도 모른다.

매화 가지에 봄기운 감돌고,	梅上春候動
가지 사이 새소리 따스하다.	枝間鳥語溫
산해정 뒷산에 달이 밝으니,	海亭山月白
어찌해야 그대 여기 앉힐꼬?	何以坐吾君

남명이 박흔과 얼마나 가까이 지냈는지 이 시외에는 다른 기록이 남아 있지 않다. 그러나 이 시 한 수만으로도 충분히 두 사람의 관계가 얼마나 친밀하였던가 하는 점을 이해할 수 있다. 매화 가지에 감도는 봄기운과 나뭇가지 사이에서 지저귀는 따스한 새소리는 모두 지극히 온화한 정감에서 우러나온 시어들이다. 게다가 산해정 뒷산의 달조차 밝으니 이 때 마음이 통하는 벗이 있으면 얼마나 마음이 넉넉할까? 그 순간 생각난 사람이 박흔이다. 그래서 어떻게 하면 그를 이 자리에 오게 할 수 있을까 생각해 본 것이다. 정말 오늘날에도 그리운 우정 표현이라 하지 않을 수 없다.

그러나 「취하여 숙안에게 줌[醉贈叔安]」이란 시에서는 벗으로서의 규계가 보인다.

허심하게 남을 받아들이니,	虛受人
마음이 그야말로 물이로다.	其中也水
티끌이 어쩌다 어지럽힐 때,	塵或汨之
주관이 없으면 어찌 지키랴!	無主何守

남명은 1구와 2구에서 무엇이나 받아들이는 물처럼 박흔은 허심하게 남의 견해를 잘 받아들인다고 말하였다. 이는 분명 칭송 같아 보인다. 그러나 3구와 4구에서 진흙이 만약 그 물을 어지럽힐 경우, 주관이 없으면 그 맑음을 지켜내지 못할 것이 아니냐고 묻고 있다. 『논어』의 '사귀면 해로운 세 벗[損者三友]' 가운데 '선유善柔한 자'가 들어 있는 것도 주관 없이 남의 말에 쉽게 동조하기 때문이다. 남명이 취해서 박흔에게 이런 내용의 시를 주었던 것은, 박흔의 아름다운 자질을 좋아하면서도 그의 단점이 될 만한 것을 은근히 규계規戒해서, 그로 하여금 선한 사람이 되도록 도와주려는[與人爲善] 뜻이라 할 것이다.

2) 문인門人

『편년』에 의하면 정유년(1537)에 서암 정지린이 와서 배웠고, 임인년(1542)에 매촌 정복현이 와서 배웠고, 갑진년(1544)에 도구 이제신이 와서 배알하였고, 을사년(1545)에 원당 권문임과 입재 노흠이 와서 배웠고 청강 이제신이 와서 배알하였다고 기록되어 있다.

정지린鄭之麟(1520~1600)은 남명의 자부姊夫 정운鄭雲의 아들이니 남명의 생질이다. 자는 인서麟瑞, 호는 서암棲巖이며, 본관은 초계다. 초계 뭍골[陸洞] 출신으로 의령 서간西磵에 거주하였던 인물이다.

정복현鄭復顯(1521~1591)은 자가 수초遂初, 호는 매촌

梅村이다. 본관은 서산이며 함양에 거주하였다. 양희粱喜·노진盧禛·이후백李後白·오건吳健 등과 함께 당곡唐谷 정희보鄭希輔(1486~1547)의 문인으로서 남명에게 급문한 인물이다.

도구陶丘 이제신李濟臣(1510~1582)의 자는 언우彦遇며 본관은 고성이다. 의령 사람으로 만년에 남명을 따라 덕산 입구 도구대陶丘臺 근처에서 살았다. 이제신은 바둑과 활쏘기를 좋아하였는데 남명이 경계하자, 공이 사례하며 "바둑을 두면 입으로 사람을 논하지 않으며, 활 쏘는 사람의 마음은 항상 스스로를 돌아본다[着碁口絶論人語 射革心存反己思]"라는 시를 지어 바침으로써 남명의 칭탄稱歎을 받았다고 한다.

권문임權文任(1528~1580)은 남명의 벗 안분당安分堂 권규權逵(1496~1548)의 아들이다. 자는 흥숙興叔, 호는 원당源塘이다. 본관은 안동이며 단성 원당에 거주하였다. 전해오는 말에 의하면 권규가 죽었을 때 남명이 찾아가 단성 입석리에 묘소 터를 직접 잡아 주었을 정도로 친분이 두터웠다고 한다.

노흠盧欽(1527~1602)은 자가 공신公愼, 호가 입재立齋다. 본관은 광주光州며 삼가 장단長湍에 거주하였다. 남명의 벗 노수민盧秀民의 아들이다. 임진왜란 때 창의하였다.

청강淸江 이제신李濟臣(1536~1583)은 1545년에 남명을 만난 것으로 되어 있으니 이 때는 이제신의 나이 열

살 때다. 자신이 진주목사로 와서 남긴 남명 제문에서 "유년 시기에 손수 적은 글씨를 받았으니, '경의' 와 '뇌천' 이라[醫承手符 敬義雷天]" 한 것으로 보아 이는 사실로 보인다. 그래서 혹시나 하여 그 아버지 이문성李文誠에 관한 기록을 추적하다 보니, 그가 1546년 4월에 당시 창원부사로 있었음이 실록에서 확인되었다. 창원과 김해는 이웃 고을이니 이문성이 그의 어린 아들 이제신을 데리고 김해로 가서 남명을 만났던 모양이고, 이제신이 1578년 무렵 진주목사로 부임하여 관내의 남명 묘소에서 어린 시절을 추억하며 제문을 남긴 것으로 보인다.

4. 『학기유편學記類編』과 「학기도學記圖」

남명은 젊은 시절 공부하면서 중요한 내용을 뽑아 기록해 둔 『학기學記』라는 책이 있었다. 이것이 『근사록』의 체재로 분류되어 편찬된 것이 『학기유편』이다. 이 책이 『근사록』의 체재로 분류될 수 있다는 것은 내용의 성격을 규정하는 것이기도 하다. 남명은 과거 공부를 포기하고 위기지학에 몰두하면서 주로 성리학에 관련되는 서적을 읽었던 것이며, 이 책이 바로 그 명확한 흔적이라 할 것이다.

그러나 또한 여기에 남아 전하는 글 가운데 남명

자신이 창작한 글은 없다. 이 책이 독서 노트의 성격을 지닌 것이기 때문이다. 그렇다 하더라도 여기에 남명의 작품이 전혀 없는 것은 아니다. 이 책 안에는 24개의 그림이 그려져 있는데, 그 가운데 17개의 그림은 남명이 손수 그린 것이다. 다음은 『학기유편』에 실려 전하는 24개의 그림 명칭을 차례대로 나열한 것이다.

1. 용마도龍馬圖
2. 낙서도洛書圖
3. 제3도
4. 팔괘차서도八卦次序圖
5. 팔괘방위도八卦方位圖
6. 삼재일태극도三才一太極圖
7. 태극여통서표리도太極與通書表裏圖
8. 이기도理氣圖
9. 천이기도天理氣圖
10. 인이기도人理氣圖
11. 심통성정도心統性情圖
12. 천도도天道圖
13. 천명도天命圖
14. 인설도仁說圖
15. 충서일관도忠恕一貫圖
16. 소학대학도小學大學圖
17. 경도敬圖
18. 성도誠圖
19. 성현논심지요도聖賢論心之要圖
20. 박문약례도博文約禮圖
21. 부동심도不動心圖
22. 역서학용어맹일도도易書學庸語孟一道圖
23. 심위엄사도心爲嚴師圖
24. 기도幾圖

『학기유편學記類編』「범례凡例」에서 학기도 24개 그림 가운데 7개는 다른 사람이 그린 것을 베껴둔 것이고, 17개는 남명이 손수 그린 것이라 밝히고 있다. 기존의 7개 그림은 이미 성리학의 핵심으로 알려져 전해

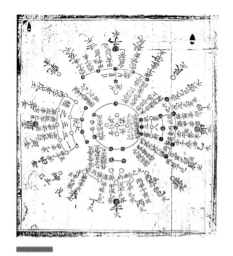

제3도

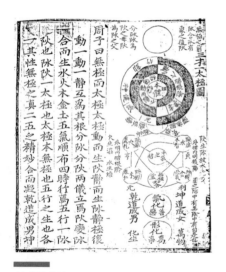

삼재일태극도

오던 것이고, 나머지 17개 그림은 자신이 공부를 하면서 이것저것을 보고 요약을 하다가 그 핵심이 되는 내용을 그림으로 더욱 간략하게 시각화한 것이니, 이 17개의 그림이 바로 남명의 창작품인 것이다. 위의 표에 보이는 그림 명칭 가운데 고딕체로 표기된 것이 이것이다.

「제3도」는 간행본 『학기유편』에 그 명칭이 지워져 있다. 이 그림은 용마도龍馬圖와 24방위도方位圖를 결합시켜 종합한 것인데, 이 그림 안에는 태극太極·음양陰陽·사상四象과 오행五行 및 육십 갑자甲子가 각각의 방위에 배열되어 있다. 이는 기존의 용마도와 낙서도洛書圖 및 팔괘차서도八卦次序圖와 팔괘방위도八卦方位圖를 근거로 하여, 다시 여기에 오행 및 육십 갑자를 결합하여 만들어낸 것으로, 남명의 우주관을 이해할 수 있는 단초가 될 만한 그림이다.

「삼재일태극도三才一太極圖」는 주돈이周敦頤의 「태극도太極圖」를 골격으로 하여 천·지·인天地人의 관계를 이해하려는 그림으로, 남명의 인간관과 자연관을 파악할 수 있는 그림이다.

「이기도理氣圖」는 태극과 음양 및 이기理氣의 원리가 오행 및 오상五常의 원리와 어울려 만물을 변화·생성하고 있음을 드러내고 있다. 남명은 이를 다시 「천이기天理氣」와 「인이기人理氣」로 나누어 그림을 그려 두었다. 「천이기」는 춘하추동 사시四時와 인의예지 사덕四德을 기氣와 이理의 관계로 설명하고 있으며, 「인이기」는 인의예지신仁義禮智信과 간심비폐신肝心脾肺腎을 오행과 관련시켜 이와 기로 구분해 설명하고 있다. 이로 보면 남명의 이기론에서 이기는 전혀 순선純善과 유선有善·유악有惡으로 설명되지 않으며, 이는 철두철미하게 현상인 기의 작동원리라는 점으로 인식되고

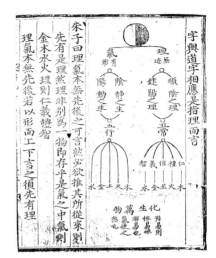

이기도

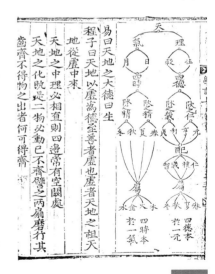

천이기도

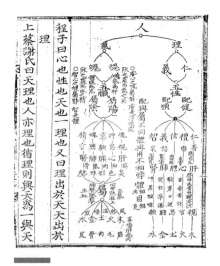

인이기도

심통성정도

있다. 그래서 이기 또한 항상 오행과 관련시켜 이해하고 있음이 주목할 만한 점이다.

「심통성정도心統性情圖」에서는 미발未發인 성性에도 이기理氣가 있고 이발已發인 정情에도 이기가 있다고 했다. 그림에 따르면 미발인 성의 경우에는 이理가 본연지성本然之性에 해당하여 선善하지 않음이 없고, 기氣가 기질지성氣質之性에 해당하지만 청탁淸濁·수박粹駁이 있을지언정 악惡함은 없다. 그러나 이발인 정에 있어서 이가 작동되면 순수하게 선할 수밖에 없고 기가 작동되면 중절中節 여부에 따라 선할 수도 있고 악할 수도 있음을 설명하고 있다. 그리고 이 성과 정을 모두 마음이 통괄하고 있음이 '심통성정心統性情'이라는 것이다.

「천도도天道圖」와 「천명도天命圖」는 상호 대비할 수 있도록 그려져 있다. 천도는 '원형이정元亨利貞'으로, 천명은 '인의예지仁義

禮智'로 설명하되, 천天의 성性은 '생장수장生長收藏'이며 인人의 성은 '측은惻隱·수오羞惡·사손辭遜·시비是非'로 보았다. 그래서 천天의 정情이나 심心 역시 '생장수장'이라 할 수 있으나, 인人의 정이나 심은 '인의예지'에 따라 '애愛·오惡·양讓·지智'로 나타나게 되는 것으로 그림이 이루어져 있다. 천도는 자연의 도리를 말한 것이고, 천녕은 하늘이 인간에게 명령한 것으로 인도를 말한 것이다. 인도에는 '의로써 미워함'이 있게 되는 것이니, 천도에는 선악이 없고 인도에 비로소 선악이 나타날 수밖에 없음을 드러낸 것이다.

「충서일관도忠恕一貫圖」는 '충서忠恕'가 유학의 도에 일관되어 있음을 천지天地와 성인聖人과 학자學者의 측면으로 구분하여 설명하고 있다. 천지의 경우는 무심無心으로 설명하고, 성인의 경우는 무위無爲로 설명하

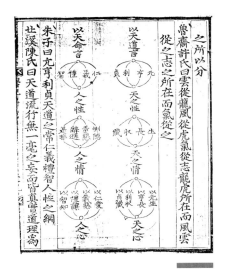

천도도와 천명도

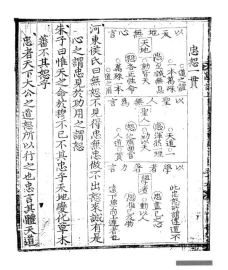

충서일관도

고, 학자의 경우는 착력着力으로 설명하고 있다. 학자
는 꾸준히 노력하여야 하므로 충·서를 진기盡己와 추
기推己로 설명하면서 이를 '하학이상달下學而上達'이라
하였다. 이 그림은 결국 '하학이상달'을 통해 궁극적
으로는 '혼연일리渾然一理' 하여 '범응곡당泛應曲當' 하
는 성인의 충서에 이르고, 그것이 '지성무식至誠無息'
하여 '각정성명各正性命' 하는 천지의 충서에 이르게
됨을 설명하고 있다.

24도 가운데 이상의 「충서일관도」 까지의 15도는
「도의 통체를 논함[論道之統體]」 에 들어 있는 그림이다.
유도儒道의 핵심을 여러 가지 측면에서 밝힌 것이 이상
의 15도이고, 그 가운데 이제까
지 그림으로 소개한 것이 남명
의 창작품이다. 여기에서 남명
이 하도·낙서와 음양·오행
및 동양의 전통 사상에서 언급
되는 여러 개념들을 종합적으로
이해하려고 하였으며, 신유학에
서 언급되는 이기·심성에 관해
서도 깊이 있게 연구하여 나름
대로의 견해를 분명히 가지고
있었음을 알 수 있다.

「소학대학도小學大學圖」 는
『소학』과『대학』의 요체를 드러

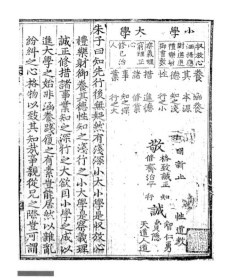

소학대학도

낸 뒤 성誠과 경敬의 바탕 위에서 이를 이루어낼 수 있음을 표현한 그림이다.

「경도敬圖」는 자신이 추구하는 일에 대해 잠시라도 잊지 않고 정신을 차리려는 것으로, '주일무적主一無適'을 가장 정면 위에 두고 좌우와 아래에 각각 '정제엄숙整齊嚴肅·상성성법常惺惺法·기심수렴其心收斂' 등을 포치시킴으로써 그 구체적 방법을 제시하고 있다.

「성도誠圖」는 매우 자세하고 복잡하게 그려져 있는데, '성誠'이야말로 유학 경전의 여러 책에서 가장 중시하고 있는 개념이기 때문이다. 『주역』곤괘 육이효의 '경이직내敬以直內'와 건괘 구이효의 '한사존기성閑邪存其誠'과 구삼효의 '수사입기성修辭立其誠' 및 『대학』의 '물격物格·지지知至·의성意誠'이 사방에 포치되어 있다. 그리고 이 주변에 작은 글씨로 이와 관련되

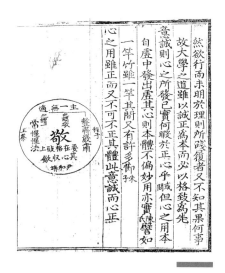

경도

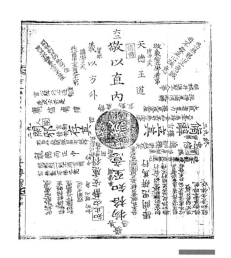

성도

139

제3장 산해정山海亭 시대(31~48세)

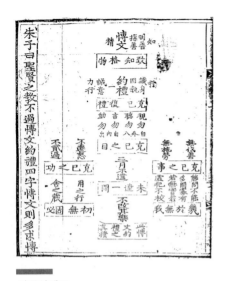

박문약례도

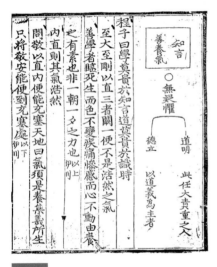

부동심도

는 온갖 구절을 발췌해 두었다. 성학聖學의 핵심이 성誠이요, 성誠하기 위해서는 경敬할 수밖에 없음을 남명은 「경도」와 「성도」를 통해 말하고 있다.

「박문약례도博文約禮圖」는 박문博文과 약례約禮를 지知와 행行으로 나누어 설명하면서, 명선明善·택선擇善·정精 등이 지知에 해당하고 성신誠身·고집固執·일一·성의誠意·역행力行 등이 행行에 해당됨을 그리되, 극기복례가 바로 행에 해당하는 약례의 구체적 방법임을 드러내고 있다. 그리고 극기克己의 구체적 조목과, 안자顔子의 삼월불위인 三月不違仁 및 불개기락不改其樂을 서로 관련지으면서 박문약례를 포괄적으로 설명하고 있다.

「부동심도不動心圖」에서는 맹자의 부동심不動心을 도명道明과 덕립德立의 측면으로 나누어 설명하고 있다.

「역서학용어맹일도도易書學

庸語孟一道圖」는 남명 학기도의 결정판으로 이해되는 그림이다. 『주역』·『서경』·『대학』·『중용』·『논어』·『맹자』에서 마음 수양과 관련되는 핵심 용어를 뽑아내어 도형화한 것이다. 『서경』「대우모大禹謨」에 보이는 "인심은 위태하고 도심은 은미하니 정밀히 공부하고 한결같이 실천해야 진실로 중용을 이룰 수 있으리라[人心惟危 道心惟微 惟精惟一 允執厥中]"는 구절에서 '정精'과 '일一'을 뽑아서 가장 가

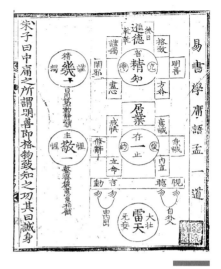

역서학용어맹일도도

운데 포치시켜 '정밀히 지식을 추구함'과 이를 '한결같은 마음으로 실천함'이 바로 공부의 핵심임을 드러내었다. 그리고 '뇌천雷天'이란 두 글자를 그 아래 두어서 '정·일'을 이루기 위해서는 『주역』뇌천 대장大壯 괘가 의미하는 바와 같이 용감하게 밀어붙이는 추진력이 있어야 함을 드러낸 것이다.

　'기幾'는 '낌새' 또는 '선악의 갈림'이란 뜻을 갖고 있다. 이는 '정·일'에 바탕을 두되 '남이 알 수 없는 자신만의 마음 상태를 삼가는 것[謹獨]'이 절대적으로 필요하다. 그렇지 않으면 분명히 알고도[精] 한결같이 실천해[一] 내지 못하게 되는 것이다. 그래서 이 낌

새에 따라 마음을 제대로 다잡게 하기 위해서는 항상 성성하게 한다는 의미의 '경'의 상태를 유지해야 한다는 것이다.

'정'과 '일'의 원권圓圈 안에 들어있는 '박·약'과 '극·복'은 각기 『논어』에 보이는 '박문약례博文約禮(글을 통해 널리 배워 예를 통해 그 핵심을 드러냄)'와 '극기복례克己復禮(자신의 사욕을 이겨내어 예의 상태를 회복함)'의 줄임말이다. 그 밖에 '정'과 '일'의 원권 좌우에 포치된 '근독謹獨·계신戒愼'과 '명선明善·성신誠身'은 『중용』에 보이고, '격치格致·성의誠意'는 『대학』에 보이고, '진덕進德·거업居業'과 '한사閑邪·수사修辭' 및 '직내直內·방외方外', '종일건건終日乾乾' 등은 『주역』에 보이는 말이고, '진심盡心·입명立命'은 『맹자』에 보이는 말이다. '뇌천雷天'과 '정·일' 사이의 '시청언동視聽言動'과 '물勿'은 『논어』에 보이는 '비례물시非禮勿視·비례물청非禮勿聽·비례물언非禮勿言·비례물동非禮勿動'을 줄인 것으로, '정·일'을 이루기 위해서는 외부 사물과의 접촉 시에 보고 듣는 것과 말하고 행동하는 데서부터 기미를 살피고 마음을 성성하게 가져야 한다는 뜻이다.

'기幾' 아래에 보이는 '일용제일동정지두日用第一動靜地頭'는, 이 '기幾'야말로 '일상생활에서 가장 먼저 나타나게 되는 것'이라는 뜻으로 써둔 것이고, '경敬' 아래에 보이는 '정제엄숙심식상고整齊嚴肅心息相

顧'는, 한 곳으로 마음을 모으는 '주일主一'이나 마음을 늘 깨어 있게 하는 '성성惺惺'을 이루는 바탕이 바로 외모를 정제엄숙整齊嚴肅하는 데서 비롯되며, 숨 쉬는 것 하나조차 늘 되돌아보는 마음가짐에서 비롯됨을 말하고 있는 것이다.

　그러므로 이「역서학용어맹일도도」는『시경』을 제외한 사서삼경에 나오는 용어 가운데 수양에 가장 절실한 핵심 용어만 뽑아 체계적으로 정리해서 그린 그림이라 이를 만한 것이다.

　남명의 학기도 24도 가운데 제16도부터 제22도까지의 7개 그림은「학문을 하는 요체[爲學之要]」에 해당한다. 이 가운데「소학대학도」이하 여섯 그림이 바로 남명의 창작품이다. 공부를 한다는 학자가 구체적으로 추구해야 할 것이 무엇인가를 분명히 드러낸 것이 바로 이 그림들이라 할 것이다.

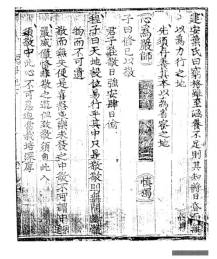

심위엄사도

　「심위엄사도心爲嚴師圖」는 '존심存心·양성養性'을 위하여 그린 것이다. 존심양성을 위해서는 '경의敬義'를 통해 마음이 엄한 스승이 되도록 해야 하며, 마음이 한결같기[一] 위해서는 항

기도

상 성성해야 하는데, 이것은 '신독愼獨'에서 비롯된다는 것이다.

「기도幾圖」는 선악의 낌새를 재빨리 알아차려 사욕私欲과 사악邪惡을 사전에 미리 막으려는 것으로, 일이 발생하기 전 마음 내부에서의 생각을 바르게 가지려는 것이다. '기幾'라는 방권方圈 아래 '성찰省察'은 이 선악의 낌새를 살펴서 알아차리는 것이며, '극기克己'는 사욕과 사악을 이겨내는 일이다. 격치格致, 즉 격물과 치지는 성찰을 위한 전제이며 인용仁勇은 극기를 위한 필요조건이다. '기幾' 아래의 '지두地頭'는 선악의 낌새를 알게 되는 바탕이라는 의미로, '성의誠意'가 그 지두이고 '성의'는 또한 근독謹獨에 달려 있음을 나타내고 있는 것이 '성의재근독誠意在謹獨'이다.

이상 두 그림은 「마음을 간직하며 본성을 기름[存養]」 부분에 들어 있다. 도의 통체가 무엇이고 학문의 핵심이 무엇이라는 것을 알았다 하더라도 그것을 실제로 자신의 마음 속에서부터 진실되도록 하여 일상 생활에서 구체적으로 실천하도록 하지 않으면 별반 의미가 없다. 이 두 그림은 바로 남명이 여기에 뜻을

두고 그린 것이다. 이런 점에서 『학기유편』「위학지
요」의 〈경도〉 아래에 보이는 다음 글은, 남명이 왜
'경의敬義'를 자신의 학문의 알파요 오메가라고 하는
지를 짐작할 수 있을 것이다.

　　경敬에는 죽은 경이 있고 살아있는 경이 있다. 만약
한 가지 일에 집중한다는 의미의 경만 지키고, 일을 만날
때마다 의義에 따라 그 시비를 분별하지 못 한다면, 살아
있는 경이 못 된다. 만약 이 원리에 익숙하게 된다면 그런
뒤에 경에는 문득 의가 있고 의에는 문득 경이 있게 된다.
고요할 경우에는 경敬과 불경不敬을 살피고, 움직일 경우
에는 의義와 불의不義를 살핀다. 모름지기 경과 의가 서로
의지하되 끝없이 서로 순환되게 한다면 안팎이 서로 통하
여 하나가 될 것이다.

　　[敬有死敬　有活敬　若只守着主一之敬　遇事不齊之以義
辨其是非　則不活　若熟後敬便有義　義便有敬　靜則察其敬與
不敬　動則察其義與不義　須敬義夾持　循環無端　則內外透徹]

이 상 필

1955년 경상북도 성주 출생
영남대학교 국어국문학과 졸업
한국학대학원 한국학과 한문학전공 문학석사
고려대학교 대학원 국어국문학과 한문학 전공 문학박사
현재 경상대학교 한문학과 교수

<논 저>

『남명학파의 형성과 전개』
「경상우도의 학맥에 대하여」
「남명 경의사상의 형성 배경과 그 특색」
「임란 창의 인맥 소고」 등 저서 · 번역서 · 논문이 다수

남명의 삶과 그 자취 1

초판 인쇄 : 2007년 12월 21일
초판 발행 : 2007년 12월 28일

저　　자 : 이 상 필
발 행 인 : 한 정 희
편　　집 : 장 호 희
발 행 처 : 경인문화사
주　　소 : 서울특별시 마포구 마포동 324-3
전　　화 : 718-4831~2
팩　　스 : 703-9711
이 메 일 : kyunginp@chol.com
홈페이지 : http://www.kyunginp.co.kr
　　　　　한국학서적.kr
등록번호 : 제10-18호(1973. 11. 8)

값 7,000원
ISBN : 978-89-499-0549-5　04150
ⓒ 2007, Kyung-in Publishing Co, Printed in Korea